2월의 모든 역사

세계사

세계사

2月

2월의 모든 역사

● 이종하 지음

디오네

매일매일 일어난 사건이 역사가 된다

역사란 무엇일까. 우리는 왜 역사에 관심을 갖는 것일까.

이 책을 쓰는 내내 머릿속을 맴돌던 질문이다.

아놀드 토인비는 역사를 도전과 응전의 개념으로 설명한 바 있다. 그것은 인류사 전체를 아우르는 커다란 카테고리를 설명하기에는 더없이 좋은 개념이다. 그러나 미시적인 문제로 들어가면 얘기가 달라진다. 나일 강의 범람 때문에 이집트에서 태양력과 기하학, 건축술, 천문학이 발달하였다는 것은 도전과 응전으로 설명이 가능하지만, 예술사에서 보이는 사조의 뒤섞임과 되돌림은 그런 논리만으로는 설명이 안 된다.

사실 역사란 무엇인가 하는 관심을 가진 지는 오래 되었다. 대학 시절 야학 교사로 역사 과목을 담당하면서 맨 처음 그 의문이 싹텄다. 교과서에 나와 있는 대로 강의를 하는 것은 죽은 교육 같았다. 살아 있는 역사를 강의해야 한다는 생각에 늘 고민이 깊었다. 야학이 문을 닫은 후에 뿌리역사문화연구회를 만든 것도 그런 고민을 해결하지 못했기 때문이다.

뿌리역사문화연구회를 이끌면서 10년여에 걸쳐 '어린이와 청소년을 위한 교실 밖 역사 여행' '어린이 역사 탐험대'를 만들어 현장에서 어린이와 청소년을 만났다. 책으로 배우는 역사와 유적지의 냄새를 맡으며 배우는 역사는 느낌이 전혀 달랐다. 불이학교 등의 대안학교에서 한국사 강의를 맡았을 때도 그런 느낌은 피부로 와 닿았다.

그렇다고 역사를 현장에서만 접해야 한다는 것은 아니다. 역사 자체는 어차피 관념 속에 있는 것이며, 그것이 우리에게 구체적으로 구현되는 것은 기록을 통해서이기 때문이다. 역사는 과거이며, 그 과거는 기록으로 존재한다. 그러나 현재에 펼쳐진 과거의 기록은 현재를 해석하는 도구이고, 결국 미래를 향한다.

이 책은 매일매일 일어난 사건이 역사가 된다는 사실에 기초하여, 1월 1일부터 12월 31일까지 일어난 중요한 사건들을 날짜별로 기록한 것이다. 사건의 중요도에 따라 집필 분량을 달리하였으며, 『1월의 모든 역사 - 한국사』 『1월의 모든 역사 - 세계사』처럼 매월 한국사와 세계사로 구분했다. 1월부터 12월까지 총 24권에 걸쳐 국내외에서 일어난 대부분의 중요한 역사적 사실들을 흥미진진하게 담으려고 했다.

이 책에 나와 있는 날짜는 태양력을 기준으로 한다. 음력으로 기록된 사건이나 고대의 기록은 모두 현재 사용하는 태양력을 기준으로 환산하여 기술했다. 고대나 중세의 사건 가운데에는 날짜가 불명확한 것도 존재한다. 그것들은 학계의 정설과 다수설에 따라 기술했음을 밝힌다.

수년에 걸친 작업이었지만 막상 책으로 엮여 나오게 되니 어설픈 부분이 적지 않게 눈에 들어온다. 그것들은 차차 보완을 거쳐 이 시리즈만으로도 인류 역사의 대부분을 일견할 수 있도록 만들고 싶다.

이 책을 쓰다 보니 매일매일을 성실하게 노력하며 살아야겠다는 생각이 든다. 매일매일의 사건이 결국 역사가 되기 때문이다.

이종하

2월 11일 • 083

미국 발명가 토머스 에디슨 출생 | 이란 혁명 발생 | 대처, 영국 수상으로 당선 | 러시아 영화 감독 에이젠슈테인 사망 | 이집트 무바라크 대통령 하야 발표

2월 12일 • 091

영국 생물학자 찰스 다윈 출생 | 미국 16대 대통령 에이브러햄 링컨 출생 | 러시아 발레리나 안나 파블로바 출생 | 미국 탐사선 슈메이커호, 소행성 433 에로스에 착륙 성공

2월 13일 • 101

영국 의회, 「권리 선언」 제출 | 트랜지스터 발명자 윌리엄 쇼클리 출생 | 독일 작곡가 빌헬름 바그너 사망 | 소련, 반체제 작가 솔제니친 추방

2월 14일 • 109

영국 인구 통계학자 토머스 맬서스 출생 | 영국 물리학자 찰스 윌슨 출생 | 일본 A급 전범 히로타 고키 출생 | 세계 최초의 복제 양 돌리 안락사

2월 15일 • 117

이탈리아 과학자 갈릴레오 갈릴레이 출생 | 세계 최초의 전자계산기 에니악 등장 | 미 의회 첫 위안부 청문회 개최 | 영국 철학자 제러미 벤담 출생 | 리비아, 반정부 시위 시작

2월의
모든 역사

2월 1일

■
■
■

1979년 2월 1일

이란 혁명 지도자 호메이니 귀국

1979년 2월 1일, 프랑스에서 망명 중이던 이란의 최고 종교 지도자 호메이니가 테헤란 공항에 도착했다. 1964년 팔레비 정권에 의해 추방된 지 15년 만이었다.

열광적으로 환호하는 군중 앞에 모습을 드러낸 호메이니는 열흘 후인 2월 11일 팔레비 왕조를 무너뜨렸고, 이란에는 이슬람 원리주의에 입각한 이란 이슬람 공화국이 탄생하였다.

호메이니(Khomeini, Ayatollah R.; 1900~1989)는 1900년 이란의 테헤란 남서쪽 호메인에서 출생한 종교 지도자이다. 호메이니는 1941년에 『비밀의 폭로』를 저술하여 왕정을 부정하였고, 1950년대 무렵 '아야톨라 Ayatollah'의 칭호를 받았다. 아야톨라는 이슬람교 시아파의 최고 지도자를 의미하며, 이란은 국민의 절반 이상이 시아파를 추종하기 때문에 호메이니의 영향력은 무척이나 컸다.

호메이니는 팔레비 왕의 정책에 비판적이었지만, 팔레비는 이를 무시하고 1950년대 중반부터 석유 수입과 미국의 지원을 바탕으로 강력한 산업화 정책을 펴나갔다. '백색 혁명'이라 불리는 그의 근대화 추진은 도로 · 철도 · 항공망의 확장, 댐 건설과 관개 사업, 질병 · 문맹 퇴치 등 이란에 많은 변화를 가져왔다. 팔레비 왕의 정책으로 많은 이슬람 세력이 토지 개혁의 피해를 입었으며, 이란의 서구화와 세속화에 대한 비판은 날이 갈수록 높아갔다.

1963년, 마침내 호메이는 팔레비의 백색 혁명에 반대하는 모임을 조직하였다. 그러나 곧 체포되어 일 년 뒤 팔레비 정권에 의해 강제로 추방당했다. 호메이니는 이라크와 파리 등 외국에서 반정부 시위를 이끌고 이란 혁명을 지도하였다.

1970년대 이후 팔레비 정권은 석유와 중공업을 중심으로 한 경제 정책을 시행하였지만 실패로 돌아갔다. 1978년 말이 되자 이란의 상황은 급박하게 전개되기 시작했다. 12월 초 이란 전역에서 종교 지도자, 야당 정치인, 인권 운동가, 학생 들이 참여하는 대규모 반정부 시위가 발생했다. 호메이니의 반정부 선동을 담은 테이프가 이란으로 들어와 시위 확산과 과격화에 큰 영향을 미쳤다. 시위대는 호메이니의 대형 사진을 내걸고 팔레비 왕의 사퇴를 요구했다. 시위 진압 과정에서 수천 명이 사망했고 이란은 내전 상태가 되었다.

결국 이듬해 1월 16일, 팔레비 왕은 전용기를 직접 몰고 활주로를 떠났다. 팔레비의 퇴장은 팔레비 왕조의 종말과 이란 혁명의 완성을 의미하는 것이었다. 그리고 프랑스로 망명 갔던 호메이니가 15년 만에 고국으로 돌아옴으로써 이란은 왕조 국가에서 엄격한 이슬람 원리주의 공화국으로 변하게 되었다.

* 1979년 2월 11일 '이란 혁명 발생' 참조

1881년 2월 1일

파나마 운하 공사 시작

1881년 2월 1일 리몬 만과 파나마 만 사이에 태평양과 대서양을 잇는 수평 운하 건설이 시작되었다. 이는 1879년 5월 파리에서 개최된 국제 학술회의의 결과였다. 공사는 수에즈 운하 건설을 성공적으로 이끈 레셉스가 의장이 되어 맡았다.

그러나 막상 공사를 시작하고 보니 생각지도 못한 어려움에 부딪혀 버렸다. 수에즈 운하는 거의 모래와 부드러운 흙으로 이루어진 데다 높이 또한 15m도 되지 않아 비교적 공사가 수월한 편이었다. 그러나 파나마 지협地峽은 비록 중앙아메리카에서 가장 좁은 부분이었지만, 운하를 건설하기 위해 바위와 혈암층으로 이루어진 100m나 되는 높은 고지를 잘라내야 했다. 더구나 가까운 곳에 인구 밀접 지역도 없고, 차그레스 강의 홍수와 더운 날씨로 인한 열병 등으로 인해 공사는 진척을 보지 못했다. 1887년에 수평식에서 갑문식으로 방법을 변경하였으나 20년에 걸친 프랑스인들의 노력은 결국 수포로 돌아가 버렸고, 장비 및 인력을 철수하게 되었다.

1903년 미국은 프랑스로부터 운하 공사에 관련된 장비 및 자료 일체를 4,000만 달러에 구입하고 10년에 걸친 공사 끝에 1914년 8월 15일 태평양과 대서양을 연결하는 파나마 운하를 완공하였다.

—

1944년 2월 1일

네덜란드 화가 몬드리안 사망

—

네덜란드에서 태어난 화가 몬드리안(Mondrian, P. C.; 1872~1944)은 암스테르담 미술 학교를 졸업한 후 1910년 파리로 갔다.

당시 파리에는 입체파의 영향을 받아 기하학적이며 추상적인 형식의 미술이 유행하고 있었다. 몬드리안은 이것을 '신 조형주의'라고 정의 내렸다.

몬드리안의 전형적인 작품은 수직과 수평의 직선과 원색을 사용한 것들로, 그는 회색이나 검정색을 배경 표현에 사용하였다.

몬드리안은 칸딘스키와 더불어 추상화의 선구자로 불리며, 1944년 2월 1일 사망하였다. 주요 작품으로 「햇빛 속의 풍차」 「빨간 나무」 등이 있다.

1949년 2월 1일

헝가리 인민 공화국 선포

아름다운 다뉴브 강과 녹색 언덕을 가진 헝가리는 제2차 세계 대전이 끝나갈 무렵 소련의 세력권에 들어갔다. 1946년에 공화제가 실시되었고 1949년에는 2월 1일에는 공산주의 정권이 성립되었다.

1956년 헝가리에서는 공산 정권에 반대한 국민들이 대규모로 봉기하였으나, 수만 명의 사상자와 20만 명에 이르는 국외 망명자를 만들어 내고 진압되었다.

그후 1989년 공산 정권이 폐지되고 현재의 헝가리 공화국이 성립되었다.

2월의
모든 역사

2월 2일

■
■
■

—

962년 2월 2일

오토 1세, 신성 로마 제국 초대 황제로 등극

—

교황이 오토 1세에게 황제의 관을 수여한 것은 독일과 이탈리아의
지배자로서 고대 로마의 유업을 계승한 기독교 왕국의 정통자임을
확인해 주는 결과가 되었다.

이후 독일 제국은 1806년 나폴레옹 1세에 의해 해체될 때까지 약
1,000년 가까이 '신성 로마 제국'이라는 형식적인 이름을 유지하
였다.

샤를마뉴 대제 사망(814) 후 루트비히 1세가 프랑크 왕국의 왕위에 올랐으나 상속 문제가 발생하여 제국을 제대로 통치할 수 없었다. 결국 베르됭 조약(843)에 따라 중부 프랑크 지역과 프랑크 왕국의 황제 칭호는 루트비히 1세의 장남 로타르에게, 게르만 전통이 강한 동프랑크와 라틴 전통이 강한 서프랑크는 각각 루트비히와 카롤루스에게 계승되었다. 이후 동프랑크는 독일 왕국으로, 서프랑크는 프랑스 왕국으로 발전하게 되었다.

그러나 중부 프랑크는 로타르가 죽은 뒤 다시 로트링겐, 부르군트, 이탈리아로 분할되어 카롤링거의 왕통이 단절되었다. 세 지역으로 나뉜 중부 프랑크 지역 가운데 로트링겐은 메르센 조약(870)과 리베몬 조약(880)에 따라 동 · 서프랑크에 속하게 되었다. 그리고 나머지 두 지역인 부르군트와 이탈리아는 대호족들이 제각각 왕이 되어 대립하기 시작했다.

부르군트와 이탈리아 지역을 통일한 왕은 바로 동프랑크 작센 왕조의 제2대 왕인 오토 1세(Otto I; 912~973)였다.

동프랑크는 루트비히 2세가 초대 왕위에 올랐으나, 왕국을 구성하는 프랑켄 · 작센 · 알라마넨 · 바이에른 등 여러 부족의 힘이 강했고, 노르만족의 침입으로 국왕의 통치력이 약했다. 911년 루트비히 4세가 죽자 카롤링거 왕조의 혈통이 끊어졌다. 이로써 동프랑크 왕국이 멸망하고 부족 연합체 형식의 독일 제국이 탄생하였다. 이때 귀족들의 선출로 프랑켄 공 콘라트 1세가 왕위에 올랐으나, 후계자가 없어 하인리히를 후계자로 지명하였다. 하인리히는 바로 오토 대제의 아버지이고 작센 왕조를 연 인물이다.

아버지 하인리히 1세의 유업을 이어 받은 오토 1세는 독일 통일을 강력히 추진하였다. 오토 1세는 부왕의 지명과 여러 부족의 선거로 왕위에 올랐다. 그러나 국내에는 부족 대공들의 힘이 강하였고, 주변의 외적들은 독일 제국을 넘보고 있었다. 이 때문에 오토 1세는 북방 변경에서 직접 데인족의 침입에 대비하였다. 또한 작센 동쪽 국경에도 변경령을 설치해 그곳의 원주민인 베네디족을 지배하도록 하였다.

955년에 마자르인이 침입하였으나 오토 1세는 아우크스부르크 부근에서 이들을 물리쳤다. 서방에서도 로트링겐을 탈환하려는 프랑스 왕의 의도를 좌절시켰을 뿐 아니라, 프랑스 국내의 정책 분열에 조정자로 개입하는 등 실력을 과시하였다. 국내에서는 로트링겐 대공 기젤베르트, 프랑켄 대공 에버하르트 등의 반란을 진압하여 왕권 확립을 꾀하였다.

오토 1세가 왕권 확립을 위해 심혈을 기울인 것은 바로 이탈리아 정책이었다. 951년 이탈리아 왕의 미망인 아델하이트를 보호한다는 명분으로 제1차 원정을 감행한 뒤, 그녀와 결혼하여 랑고바르트 왕의 칭호를 얻었다. 하지만 국내에서 루돌프의 주도로 반란이 일어나자 군대를 철수했다.

그러나 961년, 이탈리아에서 베렌가리오가 이탈리아 왕을 자칭하고 교황 요한 12세를 위협하는 일이 있었다. 교황이 오토에게 도와줄 것을 요청하자 오토는 다시 이탈리아로 원정을 떠났다.

그리하여 이듬해인 962년 2월 2일 로마에서 교황에 의해 황제로 추대되었다. 신성 로마 제국이 탄생하는 순간이었다. 오토는 황제 자리를 비잔틴 제국에서도 승인받기 위하여 오랫동안 외교 교섭을 하였으며, 972년 비잔틴의 황녀 테오파노를 아들 오토 2세의 왕비로 맞이하여 목적을 달성하였다.

오토 1세가 사망한 이후 역대 독일 왕은 즉위 후 로마 원정을 수행하

고 교황에게 황제의 관을 받는 것이 전통이 되었다. 비록 황제의 독자
적인 권한은 거의 없고 형식적인 칭호에 불과했지만 교황권의 보호자
라는 기능을 통해 유럽의 기독교 세계에서 이념적인 권위를 인정받은
것이었다.

1907년 2월 2일

러시아 화학자 멘델레예프 사망

19세기 말까지 수십 종의 원소가 발견되고 각 원소들의 성질이 밝혀
지면서 화학자들은 여러 종류의 금속과 비금속, 기체 사이에는 연관성
이 있을 것이라고 추정하였지만, 원소의 주기성 문제는 여전히 미궁에
싸여 있었다. 그리고 그 궁금증은 1869년 러시아의 화학자 트미트리
멘델레예프(Mendeleev, D. I.; 1834~1907)가 주기율표를 제시함으로써 베
일을 벗게 되었다.

멘델레예프는 러시아 시베리아의 토볼스크에서 16형제 중 막내로
태어났다. 그는 상트페테르부르크의 중앙 교육 전문학교를 졸업하고,
1867년 상트페테르부르크 대학교의 화학과 교수가 되었다.

당시 여느 화학자들과 마찬가지로 다양한 원소들의 근본에는 어떤
통일성이 있을 것이라 믿었던 멘델레예프는 이 문제를 직접 조사해 보
기로 했다. 그는 원소의 성질을 기록한 낱장의 카드를 준비하여 죽 늘
어놓고 면밀히 조사하였다. 조사 결과 그는 원소들의 규칙적인 특성을
알아낼 수 있었다. 그는 이때의 경험을 다음과 같이 기록했다.

먼저 원소들의 원자량과 대표적 성질, 유사한 원소와 원자량 등을 종이에 적고 신중히 검토했다. 그러자 금세 원소들의 성질과 원자량 사이에 주기적인 상관성(주기율)이 있다는 사실을 확인하게 되었다.

최초의 주기율표는 1869년 러시아 화학회에서 처음으로 발표되었다. 이 주기율표에는 필연적으로 빈 곳이 생기는데, 멘델레예프는 새 원소가 발견되면 빈 자리가 채워진다고 예언하였고, 그 위치의 원자량·비중·빛깔까지도 나타내 보였다. 그리고 이듬해인 1870년부터 그가 예언한 여러 원소들이 속속 발견되었다. 오늘날 우리가 사용하는 주기율표는 멘델레예프가 만든 것보다 원소의 수도 훨씬 많고 부족한 점이 보완된 형태이지만 기본 골격에는 변함이 없다.

멘델레예프는 1907년 2월 2일 사망하였으며, 저서로 『화학의 원리』를 남겼다.

1932년 2월 2일

제네바 군축 회의 개최

1931년 1월 국제 연맹 이사회는 군축 회의의 소집을 결의하였고, 1932년 2월 2일 제네바에서 59개국이 참가하는 군축 회의를 개최했다. 그러나 이른바 베르사유 체제 타파를 주장하는 독일과 독일의 재군비를 한층 위협적으로 느끼는 프랑스가 대립하여 심의는 난항을 거듭하였다.

그러던 중 1933년에 히틀러가 정권을 장악한 독일이 재군비를 시작했기 때문에 국제 연맹에 의한 군축의 전제가 상실되었다. 1933년 3월에는 일본도 국제 연맹을 탈퇴하고, 같은 해 10월에 독일 역시 국제 연맹을 탈퇴하였다.

군축 회의는 별다른 성과를 올리지 못한 채 1934년 이후로는 개최되지 못했다.

—
1970년 2월 2일

영국 사상가 버트런드 러셀 사망
—

철학자이자 수학자이며 사회 평론가였던 버트런드 러셀(Russell, B. A. W.: 1872~1970)은 영국의 백작 집안에서 태어났다. 러셀은 할아버지가 두 차례나 수상을 지내는 등 영국에서도 손꼽히는 명문가였지만 어려서 고아가 되었고, 할머니의 손에서 금욕적인 교육을 받으며 자라났다.

러셀은 제1차 세계 대전으로 큰 충격을 받고 사회 문제에 깊은 관심을 보이기 시작했다. 평화주의자였던 그는 반전 운동으로 대학에서 퇴학당하였고 감옥에 가기도 하였다. 제2차 세계 대전 때에는 나치의 위협에 대항하였으며, 전쟁이 끝나자 원자력 무기의 폐기를 주장하였다. 그는 사회 운동뿐 아니라 철학과 수학에도 뛰어난 업적을 남겼다. 저서로는 『수학 원리』 등이 있으며, 1950년에 노벨 문학상을 수상하였고, 1970년 2월 2일 사망하였다.

—

2007년 2월 2일

중국 세계 최초로
해저 7,000m 탐사 잠수함 개발 성공

—

2007년 2월 2일 중국은 세계 최초로 해저 7,000m까지 잠수 가능한 유인 잠수함 개발에 성공하였다. 고래 모양을 본뜬 이 잠수함은 해저 7,000m의 심해에서 버틸 수 있도록 외장을 티타늄 합금으로 만들었으며, 약 5시간까지 해저에서 머무를 수 있도록 만들어진 3인용 잠수함이다.

2월의
모든 역사

2월 3일

■
■
■

1468년 2월 3일

서구권 금속 활자 발명가 구텐베르크 사망

· 21조: 교황의 사면으로 징벌에서 해방되고 행복해진다고 하는 것은 잘못된 것이다.

· 33조: 교황의 면죄부가 인간이 하느님과 화해하는 데 필요한 가장 높고 귀한 하느님의 선물이라고 말하는 것을 경계해야 한다.

-루터, 「대사부에 관한 95개조 논제」

루터가 비텐베르크 성당에 붙인 「대사부에 관한 95개조 논제」는 종교 개혁의 신호탄이 되었다. 만약 구텐베르크(Gutenberg, J.; ?1398~1468)의 금속 활자가 없었다면 종교 개혁은 어떻게 되었을까?

파리 국립 도서관에 보관되어 있는 고려 시대의 『직지심경』(1377)이 세계 최초로 금속 활자를 이용한 책으로 알려진 것은 비교적 최근의 일이며, 서구권에서 가장 일찍 금속 활자를 발명한 사람은 바로 요하네스 구텐베르크였다.

금속에 문자나 그림 등을 새기는 세공사였던 구텐베르크는 금속 활자 연구에 착수했다. 그는 돈을 빌려 여러 가지 금속으로 활자를 만들어 보던 중 주석에 은을 조금 넣고 안티몬을 가한 합금이 튼튼하고 잉크와 친화력도 좋다는 것을 알게 되었다. 이것은 '세 원소의 합금'이라고 불리며, 지금도 활자의 재료로 쓰는 것이다.

구텐베르크는 잉크도 연구하여 아마인유를 끓인 뒤 유연, 목탄 가루를 섞은 유성 잉크와 니스를 만들어 냈다. 인쇄기로는 당시 유럽에서 널리 이용되었던 포도즙 짜는 압축기를 토대로 압축식 인쇄기를 고안했다. 납 활자와 잉크, 인쇄기라는 활판 인쇄의 3대 요소를 고안해낸 구텐베르크는 마인츠 시에 인쇄 공장을 차리려고 했다. 그러나 자금이 없었던 그는 1450년 마인츠의 금융가 요한 푹스에게 돈을 빌려 공장을 설립하였다.

구텐베르크는 유럽 전체에 있는 교회와 귀족에게 팔 수 있는 성서를 제작하기로 결정한 뒤, 필사본 성서를 능가하는 총 1,275쪽 분량의 화려한 성서를 제작하였다. 전통적인 필사본을 거의 그대로 모방하여 인쇄지 한 면에 좌우로 2단이 들어가도록 우아하게 조판하였으며, 장식을 위해 여백도 많이 두었다. 한 행에는 5~7단어가 들어가도록 하였고,

한 단은 40행으로 정하였다. 그러나 당시 예산이 부족하였기 때문에 다시 한 단을 42행으로 늘렸다. 이렇게 종이와 양피지의 가격을 5%가량 절약한 180권의 '42행 성서'가 탄생해, 1460년 무렵 『구텐베르크 성서』라는 이름으로 출판되었다.

구텐베르크 생애 최고의 야심작인 성서 출판은 거대 단일 시장인 유럽에서 최고의 베스트셀러가 될 수 있다는 계산으로 시작된 것이었다. 그동안 성서는 필사로 인한 무수한 오류 때문에 판본마다 무척 다른 내용을 담고 있었다. 그러나 구텐베르크의 인쇄술이 널리 보급되자 가장 정확한 내용을 검증받은 구텐베르크 성서는 싼 가격으로 불티나게 팔렸고, 종교 개혁의 불길을 확산시킬 수 있었다.

구텐베르크의 새로운 활판 인쇄술은 급속히 유럽 각지에 보급되었다. 1500년 무렵까지 유럽 주요 국가의 1,000여 곳에 인쇄소가 설치되었으며, 책들은 저렴한 가격으로 판매되었다.

마르틴 루터가 비텐베르크 성당 문에 교황의 권위에 도전하는 「대사부에 관한 95개조 논제」를 걸고도 무사할 수 있었던 이유는 바로 인쇄술 덕분이었다. 루터의 글이 곧바로 인쇄되어 유럽 전역에 퍼져 변화를 갈망하던 사람들의 힘을 모아 내는 견인차 역할을 한 것이었다.

아울러 구텐베르크의 활판 인쇄술은 유럽 북방의 인본주의를 확산시켰고, 고전 문헌이나 기독교의 고전이 일반에게 널리 읽힐 수 있는 계기를 만들었다.

노년의 구텐베르크는 거의 귀족과 같은 자격을 부여받았다. 1468년 2월 3일 사망한 후 그는 로마 가톨릭교도들에게는 '악마의 화신', 신교도들에게는 '신의 은총'이라고 불렸다.

—

1809년 2월 3일

독일 낭만주의 작곡가 멘델스존 출생

—

아테네 근처의 숲을 배경으로 한 제2막은 스케르초로 시작된다. 퍼크
와 요정이 나누는 대화가 음악으로 표현되어 나타난다.

조용한 침묵이 흐르고 피곤에 지쳐 잠든 커플이 숲 속에 보인다. 부드
러운 호른 소리가 깔리며 이와 대조를 이루는 트럼펫 팡파르가 「결혼
행진곡」의 도입을 알린다.

전 세계적으로 유명한 「결혼 행진곡」은 펠릭스 멘델스존(Mendelssohn-
Bartholdy, J. L. F.; 1809~1847)의 작품 『한여름 밤의 꿈』 가운데 나오는 곡
이다.

멘델스존은 1809년 2월 3일 독일 함부르크에서 부유한 유대계 은행
가의 아들로 태어났다. 어린 시절부터 음악에 천재적인 재능을 발휘한
그는 9살 때 이미 공개 연주를 하였고 11살에는 작곡을 시작하였다. 셰
익스피어의 작품 『한여름 밤의 꿈』에 붙인 유명한 서곡을 발표한 것은
불과 17살 때의 일이었다. 그는 여러 차례 유럽 곳곳을 여행하였으며,
여행을 통해 가는 곳마다 색다르게 다가오는 인상과 감흥을 음악으로
표현해 냈다.

멘델스존은 작품을 통해 고전주의적 형식미 위에 지방색이 짙은 리듬
과 선율 그리고 화려한 관현악법 등이 합쳐진 낭만주의적 감성을 유감
없이 드러냈다. 그는 작곡가이자 연주가인 동시에 지휘자로서 활약하고,
라이프치히에 음악 학교를 설립하는 등 활발한 활동을 펼쳤다. 그러나

1847년 11월 7일 38세라는 젊은 나이로 세상을 떠났다. 주요 작품으로
는 『이탈리아 교향곡』 『핑갈의 동굴』 『한여름 밤의 꿈』 『안티고네』 등
이 있다.

1994년 2월 3일

미국, 베트남 금수 조치 해제

1994년 2월 3일 미국은 베트남과 국교 정상화를 위한 조치의 하나로
베트남에 적용한 금수 조치를 해제하였다. '금수 조치'는 원래 선박의
입출항을 금지한다는 말이었으나 국가 간의 수출 금지, 통상 금지 조치
로 그 의미가 확대되었다. 정치적인 이유로 특정국을 경제 고립시키기
위해 사용한다.

2006년 2월 3일

이집트 대형 여객선 알 살람 98호 침몰

2006년 2월 3일 새벽, 사우디아라비아에서 이집트로 가던 이집트 여
객선 알 살람 98호가 홍해에서 침몰하였다. 침몰 당시 알 살람 98호에
는 승객과 선원 약 1,400여 명이 탑승 중이었으며, 이 중 1,000여 명이
실종 또는 사망하였다. 새벽 2시 무렵 침몰된 것으로 추정되는 알 살
람 98호의 수색 작업은 침몰 보고 10시간쯤 후에 시작되었다. 승객 대
부분은 사우디아라비아로 일하러 갔던 이집트 노동자들로 밝혀졌으며,

이들은 사우디아라비아에서 일을 하다 귀향 중이었다.

—

2007년 2월 3일

이라크 바그다드 시장에서 자폭 테러 발생, 132명 사망

—

2007년 2월 3일 이라크의 바그다드에서 132명이 사망하고 300명 이상이 부상당한 폭탄 테러가 발생하였다. 이 테러는 트럭을 이용한 폭탄 테러였으며, 한 번의 폭탄 테러로는 역사상 최대 규모였다.

2월의
모든 역사

2월 4일

.
.
.

1893년 2월 4일

남아프리카 공화국 인류학자 다트 출생

지구 생명의 역사 30억 년을 90분짜리 영화로 만들어 시간을 계산
해 보면 60분이 지난 다음에야 이끼와 버섯이 등장하고, 영화가 끝
나기 8분 전에 파충류가 출현한 뒤 여러 종류의 공룡이 나타난다.
최초의 영장류는 영화가 끝나기 2분 전이 되어서야 나타난다. 영화
가 끝나기 12초 전 침팬지와 인간의 진화 방향이 분리되고, 영화가
끝나기 4~5초 전에 인간이라고 부를 수 있는 선행 인류가 최초의
석제 도구를 제작하며, 영화가 끝나기 1초 전에 베이징 원인이 불
을 피운다.

　　인류학자이자 해부학자였던 레이먼드 아더 다트(Dart, R. A.; 1893~ 1988)는 1893년 2월 4일 오스트레일리아에서 태어났다. 1924년 그가 발견한 '타웅 아이' 화석으로 인해 인류는 역사를 다시 쓰게 되었으며, "인류는 아프리카에서 시작되었다."라고 주장하였던 다윈의 학설 또한 학계에서 인정받게 되었다.

　　다윈은 원숭이와 비슷했던 사람들이 숲에서 벗어나 사바나 지역을 거쳐 아시아와 유럽으로 이동하면서 극적인 진화 과정을 겪었으며, 초원 지형에 맞게 빨리 움직이고 사방을 잘 살피기 위해 똑바로 서서 걷게 됐고 이에 따라 뇌 용량도 커졌다고 주장하였다.

　　그러나 다윈의 주장은 100년 가까이 널리 인정받지 못하였다. 유럽인들은 검은 대륙에서 자신들의 조상이 걸어 나왔음을 받아들이고 싶어 하지 않았다. 특히 1912년 영국에서 발견된 두개골과 턱뼈는 다윈을 공격하는 좋은 무기가 되었다. 두개골은 현대인처럼 크고 턱뼈는 원숭이와 비슷했다. 다윈 반대론자들은 이것이 최초의 인간이라고 선언하였다. 인류 조상이 영국에서 비롯됐음을 보여 주는 자랑스러운 증거였던 셈이다. 그러나 40여 년이 지난 후 두개골은 유럽 중세인의 것으로, 턱은 오랑우탄의 것으로 확인됐다. 그리고 다윈의 주장을 뒷받침하는 증거는 아프리카의 대지에 숨어 있었다.

　　1924년 초여름의 어느 날이었다. 해부학 교수였던 다트는 친구의 결혼식에 들러리로 서기 위하여 모닝코트를 입고 신발을 찾는 등 바쁘게 서두르고 있었다. 바로 그때 타웅그스(사자 골짜기)에서 자료용 화석이 든 나무 상자 두 개가 도착하였다.

　　상자를 연 다트는 화석을 포함한 바위 덩어리 안에서 둥그스름한 뇌 (두개강)의 거푸집 화석을 보았다. 다시 뇌의 거푸집을 살펴본 결과, 크

기는 침팬지와 거의 같았지만 둥그스름한 전두부는 침팬지보다도 더욱
진화한 단계에 있음을 확신하였다. 얼굴 쪽은 사암과 석회의 결정으로
덮여 있었는데, 부인의 날카로운 뜨개바늘을 이용해 신중하게 작업하
여 2개월 후에 완전히 파낼 수 있었다. 모습이 드러난 얼굴은 제1 대구
치(큰어금니)가 난 지 얼마 안 된 어린아이의 것으로, 침팬지 새끼보다
도 입 부분이 들어가 있었다. 다트가 발견한 이 화석은 '타웅아이'라고
불리게 되었다.

타웅아이는 우리의 먼 조상이 인류 진화를 향하여 제일보를 내디딘
직후의 것으로, 원숭이와 사람 사이의 미싱 링크(missing link: 잃어버린
사슬의 고리)에 해당하는 것이었다. 다트는 타웅아이의 유골을 '오스트
랄로피테쿠스 아프리카누스(아프리카 남쪽의 유인원)'라고 명명하였다.
당시 다트는 이 화석이 유인원의 화석인 줄 알고 이러한 이름을 붙인
것이었다. 그 후 화석 인류의 유골로 다시 판명되었지만, 학명은 의미
를 떠나 최초의 명명을 존중하여 그대로 사용하고 있다.

이후 탄자니아와 에티오피아 등지에서 비슷한 유골이 잇따라 나오
면서 인류의 먼 조상이 아프리카에서 살았다는 설이 인정받기 시작했
다. 실제로 100만~400만 년 전에 살았던 오스트랄로피테쿠스 화석은
아프리카에서만 발견되었다.

그러나 인류의 직접적인 조상은 오스트랄로피테쿠스가 아니라 호모
사피엔스였다. 호모 사피엔스의 유골은 각 대륙에서 골고루 발견되어
아프리카 기원설은 여전히 논란 대상이었다. 그러나 미국의 한 대학교
연구진이 에티오피아에서 16만 년 전의 호모 사피엔스 유골을 발견했
다고 발표했다. 이전까지 찾아낸 유골은 10만 년이 가장 오래된 것이
었다. 연구진은 현생 인류의 조상도 아프리카에서 비롯됐음을 보여 주

는 증거라는 의미로 이 호모 사피엔스의 유골에 '이달투idaltu', 즉 아프리카 현지어로 '조상elder'이라는 뜻의 이름을 붙였다.

1902년 2월 4일

미국 비행사 찰스 린드버그 출생

"어떻게 저 비행기로 대서양을 건널 수 있었는지 모르겠소."

린드버그가 말했다. 그 말에 놀란 박물관장은 이렇게 되물었다.

"아니, 바로 저 비행기를 몰고 대서양을 건너지 않았습니까?"

그러자 린드버그는 대답했다.

"그렇긴 하지만 저 비행기 안에 들어가 보니 고도계도 계기판도 없군요."

세계 최초로 대서양 횡단 무착륙 단독 비행에 성공한 린드버그(Lindbergh, C. A.: 1902~1974)는 1902년 2월 4일 출생했다. 그는 만년에 자신이 직접 개조하여 대서양을 건넜던 비행기가 보고 싶어져 박물관을 찾아갔다. 앞의 일화는 박물관장과 대화를 나눈 내용의 일부이다.

제1차 세계 대전이 끝나고 많은 조종사들은 뉴욕-파리 간 무착륙 횡단 비행을 시도하였지만 실패만 반복하고 있었다. 린드버그 역시 대서양 횡단에 도전하였다. 그는 비행을 성공하기 위해서는 비행기의 무게를 줄여야 한다고 생각하고, 연료 탑재량을 최대한 늘리기 위해 스스로 비행기를 개조하였다.

1927년 5월 20일 아침 뉴욕을 출발한 린드버그는 33시간의 비행 끝에 성공적으로 파리에 착륙하였다. 세계 최초의 대서양 무착륙 단독 비행을 성공한 것이었다. 귀국 후 국민적인 영웅이 된 린드버그는 1931년 북태평양 횡단 비행을 시도했으며, 이 또한 성공하였다.

1945년 2월 4일

얄타 회담 개최

제2차 세계 대전 말기인 1945년 2월 4일부터 11일까지 미국, 영국, 소련 3개국의 최고 권력자인 루스벨트, 처칠, 스탈린이 크림 반도의 얄타에서 회담을 가졌다. 이 회담에서는 폴란드와 동유럽 문제, 독일 문제, 전후의 새로운 국제 연합 문제 그리고 태평양 전쟁과 극동 문제가 논의되었다.

1994년 2월 4일

일본, 대형 로켓 H2 발사 성공

1994년 2월 4일, 일본은 자체 기술로 제작한 로켓 H2를 성공적으로 발사하였다. 1975년 9월 첫 기술 시험 위성 발사에 성공한 이래 일본은 N1, N2 로켓 등을 개발하였고, H1 로켓의 엔진을 일본에서 제작하는 등 꾸준한 발전을 거듭하였다. H2 로켓은 고도 3만 6,000km의 정지 궤도에 약 2t의 위성을 쏘아 올릴 수 있는 대형 로켓이다.

—

1948년 2월 4일

스리랑카 독립

—

인도의 동남쪽에 위치한 섬나라 스리랑카의 역사는 아리아인 계통의 민족이 인도에서 바다를 건너오면서 시작되었다. 특히 유구한 역사를 지닌 도시 아누라다푸라는 비옥한 곡창 지대로 1,500년 동안이나 불교 문화의 중심지로서 융성하였다. 그러나 1796년 스리랑카는 영국의 식민지가 되었으며, 1948년 2월 4일 비로소 독립하게 되었다.

2월의
모든 역사

2월 5일

■
■
■
■

—

1840년 2월 5일

공기 타이어 발명가 던롭 출생

—

물건을 움직일 때 그 반대 방향으로 움직이지 않으려는 저항력을 '마찰력'이라고 한다. 바퀴의 원리는 표면을 끌 때 생기는 미끄럼 마찰력보다 굴러갈 때 생기는 굴림 마찰력이 훨씬 적은 것에서 출발한다.

인류가 발명한 가장 훌륭한 발명품 중 하나로 손꼽히는 바퀴는 회전축을 중심으로 방사형 바퀴살과 원형 바퀴테가 회전하여 움직인다.

B.C. 3500년 무렵 메소포타미아에서는 통나무를 둥글게 자른 원판 바퀴를 사용하였다. 처음 바퀴 달린 수레가 나왔을 때는 전차로 사용되어 무력이나 권력의 상징이 되기도 하였다.

1922년 이라크 남부 유프라테스 강 근처에서 우르 유적이 발굴되었다. 이 가운데 여왕 슈브 아드 묘에서는 정교한 금은 세공품, 시녀 28명의 해골 그리고 당나귀 2마리가 끄는 수레 등이 발견되었다. 또한 같은 곳의 '죽음의 수갱竪坑'에서는 소 6마리가 끄는 수레 2대와 병사, 시녀, 마부 등 63명의 시체가 발견되었다. 이 유적은 B.C. 2500년 전 무렵으로 추정되는데, 다른 유물들과 마찬가지로 수레는 권력의 상징이었으며 죽은 후에도 권력을 누릴 수 있다는 믿음을 보여 주는 것이었다.

현대 교통 문명이 혁신적으로 발전하게 된 데는 마차 바퀴의 발전형인 타이어의 역할이 컸다. 1888년 스코틀랜드의 수의사였던 존 보이드 던롭(1840~1921)은 열 살 난 아들을 위해 장난감 삼륜 자동차를 개량하다가 딱딱한 고무 대신 고무 튜브에 공기를 넣는 타이어를 만들었다. 이것이 바로 세계 최초의 공기 타이어이며, 오늘날 빠른 속도로 고속도로를 달릴 수 있는 자동차 바퀴의 역사가 시작된 것이었다.

1840년 2월 5일 태어난 던롭은 60세가 되던 해인 1899년에 세계 최초의 공기 타이어 회사인 던롭 타이어 사를 설립했다.

——

1881년 2월 5일

영국 사상가 토머스 칼라일 사망

——

영국의 사상가이자 역사가인 토머스 칼라일(Carlyle, T.; 1795~1881)은 스코틀랜드의 청교도 가정에서 태어났다. 에든버러 대학교에서 공부한 그는 1837년 『프랑스 혁명』을 발표하여 명성을 얻었다.

칼라일은 혁명이란 지배 계급이 정치를 못하였기 때문에 하늘이 내린 벌이라 생각하였다. 또한 영웅적 지도자를 찬양하기도 하였는데, 인간의 구제는 강하고도 올바른 영웅의 지배와 질서 있는 경제생활에서 나온다고 하여 많은 비판을 받았다.

1881년 2월 5일 사망하였다.

2월의
모든 역사

2월 6일

■
■
■

1895년 2월 6일

미국 프로 야구 선수 베이브 루스 출생

1961년 뉴욕 양키스 로저 매리스의 61호 홈런, 1998년 9월 9일 세
인트루이스 카디널스 마크 맥과이어의 62호 홈런.

베이브 루스의 한 시즌 최고 홈런 기록은 이렇게 지나가고 있지만,
그럼에도 미국 야구계는 지금도 1895년 2월 6일에 태어난 그를 최
고의 선수로 꼽고 있다.

지금도 미국 메이저리그 최고의 선수로 추앙되는 베이브 루스(Ruth, B.: 1895~1948)는 홈런으로 본격적인 공격 야구를 시도한 최초의 선수였다. 기존의 미국 야구는 또박또박 안타를 친 다음 도루하거나 치고 달리는 얌전한 공격법이 일상적이었다.

그러나 베이브 루스는 밑에서 위로 올려 치는 타법을 개발하여 홈런을 공격의 주무기로 바꾸어 놓았다. 또 볼을 피하지 않고 홈플레이트에 바짝 붙어서 밀거나 당기는 등의 적극적인 모습을 보이기도 했다. 베이브 루스의 저돌적인 공격 야구는 경제 공황으로 찌들어 있던 미국인들에게 희망과 용기를 주었다.

그러나 그의 진면목은 단순히 홈런 수가 많다는 것뿐은 아니었다. 그는 12번이나 홈런 타이틀을 차지했고, 6번은 타점 1위 그리고 12번은 장타율 1위로 랭크되었던 선수였다. 베이브 루스는 투수로서도 금자탑을 세운 선수였다. 1916년과 1917년에 연속 20승을 넘어선 것은 물론 방어율, 탈삼진 부문에서 1위를 차지하기도 했다. 그렇기 때문에 미국인들은 모든 능력을 골고루 갖춘 최고의 야구 선수로서 그를 기억하는 것이다.

베이브 루스와 관련된 유명한 얘기로 '밤비노의 저주'가 있다. 이것은 베이브 루스의 애칭이었던 '밤비노'에서 나온 것으로, 이탈리아어로 밤비노는 베이브와 같은 뜻이다. 밤비노의 저주는 통산 89승 46패를 기록한 명투수 베이브 루스를 앞세워 1916년과 1918년 월드시리즈를 제패했던 보스턴 레드삭스가, 1919년 루스를 뉴욕 양키스에 이적시킨 데서 비롯됐다.

당시 구단주였던 해리 프레이지는 브로드웨이에 올릴 뮤지컬 제작비 마련을 위해 루스를 라이벌인 양키스에 트레이드했다. 이후 양키스는

무려 26번이나 월드시리즈 정상에 오른 반면 보스턴은 정상에 오르지
못했다.

2002년 2월, 보스턴 레드삭스의 열성 팬들은 밤비노의 저주를 풀기
위해 해프닝을 벌이기도 했다. 루스가 보스턴 근처 연못에 빠뜨렸다고
알려진 피아노를 건져 다시 연주한다면 저주가 풀릴 것이라고 믿고 피
아노 인양 작전을 벌인 것이다.

야구의 기원으로는 두 가지 설이 있다. 하나는 13세기에 영국에서 시
작된 크리켓이 기원이 되었다는 것이고, 또 하나는 미국 뉴욕 주의 쿠
퍼스타운에서 유래했다는 것이다.

이 중 영국 기원설이 유력하다. 한 논문에 따르면 1750년 이전에 이
미 영국에서는 '베이스볼'이라는 명칭으로 배트와 공과 베이스를 사용
한 경기가 이루어졌고, 이 경기가 미국에 알려져 현재의 야구로 발전했
다는 것이다.

—

1912년 2월 6일

히틀러의 부인 에바 브라운 출생

—

아돌프 히틀러와 동반 자살한 여인 에바 브라운(Braun, E.; 1912~1945)
은 17세 때 술 취한 상태에서 히틀러를 처음 만났다. 이후 히틀러와 열
정적인 사랑을 나누던 에바 브라운은 2차 대전의 전세가 절망적으로 바
뀌자 히틀러와 함께 베를린의 지하 벙커로 피신했다.

그녀는 죽기 전날 히틀러와 결혼식을 올렸고, 이튿날 불타는 폐허의
벙커에서 독약을 먹고 권총 자살한 히틀러의 옆에서 스스로 목숨을 끊

었다. 그녀는 생전에 히틀러에게 "당신을 위해서라면 당신의 수백 만 추종자들처럼 언제든지 따라 죽겠다."고 호언했었다.

1912년 2월 6일에 출생하여 32년 만에 생을 마감한 것이다.

—
2011년 2월 6일

미국 스테레오 쌍둥이 위성, 태양 360도 촬영 성공

—

미국 국립 항공 우주국NASA은 2011년 2월 6일, 5년 전인 2006년에 발사했던 스테레오 쌍둥이 위성Solar Terrestrial Relations Observatory이 태양의 360도를 전후좌우에서 촬영 성공했다고 밝혔다. 스테레오 쌍둥이 위성이 나사로 전송한 태양 촬영 동영상도 함께 공개되었으며, 이는 태양의 기상 변화를 보다 자세히 관찰·예측하게 될 수 있음을 시사했다. 또한 태양의 미세한 변화가 지구에 미치는 영향 연구와 태양계 탐사 및 유인 우주선 계획에도 진일보적인 발전이자 큰 도움이 될 것으로 예측되고 있다.

—
1952년 2월 6일

영국 엘리자베스 2세 즉위

—

1952년 2월 6일, 부왕 조지 6세(George Ⅵ; 1895~1952)의 뒤를 이어 엘리자베스 2세(Elizabeth Ⅱ; 1926~)가 영국 여왕으로 즉위하였다.

1926년 4월 21일 런던에서 태어난 엘리자베스 2세는 조지 5세

(George Ⅴ: 1865~1936)의 조카이자 조지 6세의 장녀였다. 큰아버지인 조지 5세가 자식이 없는 상태에서 동생 조지 6세에게 양위하였으며, 엘리자베스 역시 형제라고는 동생 마거릿 공주 하나뿐이었기 때문에 자연스럽게 왕위 계승자가 되었다. 1947년 그리스와 덴마크의 왕자인 필립과 결혼하여 3남 1녀를 두었다.

1945년의 공주 시절에는 스무 살의 나이로 2차 대전에 영국 여자 국방군으로 입대해 직접 참전한 첫 번째 여성 왕족이 되었다. 또한 1993년에는 여왕 스스로 왕실의 면세 특권을 포기하고 다른 국민들과 같이 세금을 납부하기로 결정한 바 있다.

현재 엘리자베스 2세는 영국을 비롯한 16개국과 영국 연방 및 보호령의 여왕으로서, 1개 이상의 독립국을 거느리는 유일한 여왕인 동시에 영국 성공회의 수장이다.

2월의
모든 역사

2월 7일

∎
∎
∎

—

1477년 2월 7일

영국 소설가 토머스 모어 출생

—

유토피아에서는 하루에 6시간 동안만 일합니다. 6시간만 일하더라도 편안한 생활에 필요한 모든 것들을 생산하기에 충분합니다. 다른 나라의 경우 얼마나 많은 사람들이 일하지 않고 빈둥거리며 지내고 있습니까. 소위 성직자라고 부르는 사제들이 그러하며, 부유한 자들, 귀족으로 알려진 자들이 그러하지요.

-토머스 모어, 『유토피아』

『유토피아』에 나오는 이 글은 당시 영국 사회의 현실을 냉철하게 비판하며 그려낸 이상 사회의 모습이다.『유토피아』의 저자 토머스 모어 (More, Sir T.; 1478~1535)는 1477년 2월 7일 영국 런던에서 태어났다. 그는 옥스퍼드 대학교에서 법률을 공부하였고 대법관의 자리에 오른 지식인이었다.

당시 영국은 일부 세력가들이 토지 대부분을 소유하여 실업과 빈곤이 만연하였다. 특히 양모 산업의 발달로 농장이 줄어 많은 농민들이 굶주리게 되었다. 이 때문에 도둑과 강도 등의 범죄가 성행하게 되었고, 정부는 혹독한 법률을 만들어 도둑들을 사형에 처했다. 헨리 8세가 다스리던 기간(1509~1547)만 하더라도 절도죄로 사형당한 사람이 1만 2,000명이나 되었다고 한다.

토머스 모어는 사회악의 근본적인 원인이 사유 재산 제도를 잘못 사용한 데서 시작했다고 생각해『유토피아』를 저술했다. 이 책은 자본주의가 발생하기 전의 사회주의를 의미하는 공상적인 사회주의 사상가들 즉 생시몽, 푸리에 등에게 큰 영향을 미쳤다.

전통적인 가톨릭 신자였던 모어는 헨리 8세가 앤 불린과 재혼하기 위해 교황청에 캐서린 왕비와의 혼인 무효 소송을 제출하자 왕에게 이혼의 불법성을 직언한 것으로 유명하다. 당시 로마 교황도 혼인 무효 소송을 거부하였고, 이에 헨리 8세는 로마 가톨릭에 등을 돌려 버렸다.

1534년 헨리 8세는 영국 왕은 영국 국교회의 수장이라는 수장령을 발표하여 그의 첫 결혼이 무효임을 선언하였다. 헨리 8세는 당시 국민의 양심으로 존경받던 토머스 모어에게도 동의를 구했지만 그는 여전히 같은 입장을 취했다. 결국 왕의 분노를 사게 된 모어는 1535년 7월 6일 사형되었다.

　　사형 선고를 받은 날 판사는 모어에게 최후 진술을 하라고 했다. 모어는 "지금 판사님과 저는 판사석과 피고석에 있지만 하늘에서는 친구였으면 합니다." 하고 말했다. 판사가 "아니, 내가 사형 선고를 했는데 어떻게 그런 말을 할 수가 있습니까?" 하며 놀라자 모어는 "주님이 시키셨습니다." 하고 답했다.

　　그리고 수 세기가 흐른 1935년 모어는 로마 교황에게서 성인의 칭호를 받았다.

　　모어가 『유토피아』를 저술한 16세기 무렵의 유럽은 정치적으로는 절대 왕정이 시작되는 시기였고, 종교적으로는 로마 가톨릭의 영향에서 벗어난 프로테스탄트의 성장기였다. 또한 문화적으로는 알프스 이북 국가들의 르네상스가 확산되는 시기였다. 특히 기독교적 인본주의라 하여 잘못된 기독교를 바로잡으려는 노력이 싹트는 시기였다. 모어는 영국의 대표적인 기독교적 인본주의자였다. 당시 네덜란드 출신의 에라스뮈스는 모어의 집에서 『우신예찬』을 저술하기도 하였다.

━━

1906년 2월 7일

청나라의 마지막 황제, 푸이 출생

━━

　　인민복을 입고 초라한 모습으로 늙어 가는 정원사 푸이는 어린 시절 뛰놀던 태화전 용상 뒤에 자신이 숨겨 놓았던 귀뚜라미 통을 발견하고 감회에 젖었다. 인생이란······.

　　청나라 최후의 황제였던 선통제 푸이(溥儀: 1906~1967)의 일대기를 그린 영화 『마지막 황제』의 마지막 장면이다.

푸이는 청나라 광서 32년(1906) 2월 7일 베이징에서 태어나 1908년 11월 9일 청나라 제10대 황제로 등극하고 연호를 선통宣統으로 하였다. 그러나 불과 3년 후인 1911년, 신해혁명이 일어나 위안스카이에 의해 퇴위당하였다. 위안스카이가 사망하자 복위하였으나 1924년에 다시 쫓겨났다. 1934년 일본이 만주에 세웠던 괴뢰 국가 만주국의 왕이 되었고, 1945년 일본이 패망하자 또다시 퇴위되었다.

이렇게 퇴위와 즉위를 세 번씩이나 반복한 푸이는 일본으로 가던 도중에 소련군에게 체포되어 소련의 하바롭스크까지 끌려가 억류 생활을 하였다. 이때 푸이는 정복자 앞에서 머리를 굽힐지언정 그의 신하 앞에서는 시종일관 황제의 자세를 바꾸지 않았다고 한다. 5년간의 감옥 생활 중에도 여전히 황제는 입만 열고 시종이 주는 밥을 먹었고, 황제가 팔을 벌리면 시종은 옷을 입혀 주었다.

푸이는 공산 정권이 수립된 1950년 중국으로 송환되어 푸순 감옥에서 생활하다가 1959년 특사로 풀려 나와 베이징 식물원의 정원사로 일하였다. 그리고 서민으로 돌아온 지 18년 후인 1967년 10월 16일, 중국의 마지막 황제는 세상을 떠났다.

—

1812년 2월 7일

영국 소설가 찰스 디킨스 출생

—

"구두 닦는 일이 뭐가 그리 좋니?"

그때 디킨스는 대답했다.

"즐겁지요. 저는 지금 구두를 닦고 있는 게 아니라 희망을 닦고 있기 때문입니다."

『올리버 트위스트』『크리스마스 캐럴』을 쓴 찰스 디킨스(Dickens, C. J. H.: 1812~1870)는 1812년 2월 7일 영국 포츠머스 교외에서 태어났다. 디킨스는 어릴 때부터 가난이 얼마나 고통스러운지 느끼고 자랐으며, 학교도 거의 다니지 못하고 12살 때부터 공장에서 일을 하였다.

당시 영국의 대도시에서는 무서운 빈곤과 비인도적인 노동이 횡행했다. 디킨스는 작품을 통해 사회 밑바닥의 생활상과 그들의 애환을 생생히 묘사하였으며, 동시에 세상의 모순과 부정을 유머를 섞어 비판하였다.

1814년 2월 7일

색소폰 발명자 아돌프 색스 출생

"금세기 최고의 색소폰 연주자, 마법의 선율."

이것은 색소폰의 무한하고 마력적인 소리를 잘 이끌어낸 케니 지에게 보내는 관객들의 감탄사이다.

케니 지Kenny G가 대중적인 색소폰 소리를 만들어 냈다면, 1814년 2월 7일 출생한 아돌프 색스(Sax, A.: 1814~1894)는 그 악기를 만든 사람이다. 색스는 관현악이나 취주악에 사용하기 위해 1840년 파리에서 색소폰을 발명하였다. 악기 이름은 발명자인 색스로부터 유래된 것이다.

색소폰은 금속으로 만들어졌으나 그 구조상으로는 목관 악기에 속한다. 색소폰은 표정이 풍부한 음색을 갖고 있으며 빠른 음의 움직임을 자유롭게 연주할 수 있는 독주 악기로써의 조건들을 가지고 있다. 소프라노, 알토, 테너, 바리톤으로 편성되는 색소폰 4중주는 현악 4중주나 목관 5중주 등과 함께 표준적인 실내악 형태의 하나로 손꼽히고 있다.

케니 지는 주로 소프라노색소폰을 연주하였으며, 알토색소폰은 색소폰에 처음 입문할 때 많이 이용되고 있다. 데이비드 샌번, 워런 힐 등의 연주자들이 주로 사용하는 것도 알토 섹소폰이다.

—

1870년 2월 7일

오스트리아 정신 의학자 알프레트 아들러 출생

—

1870년 2월 7일 오스트리아 빈에서 태어난 알프레트 아들러(Adler, A.; 1870~1937)는 개인 심리학의 창시자이다. 빈 대학교에서 의학을 공부하였으며, 프로이트와 교제하였지만 프로이트처럼 성 본능을 강조하지는 않았다.

1911년 아들러는 어렸을 때의 무기력한 감정이 열등감을 일으킨다고 발표하였는데, 이 이론은 사회적 폭력에 초점을 맞춘 것이었다. 그는 열등감을 없애기 위해 적극적인 사회관계를 가져야 한다고 주장했다.

주요 저서로 『신경 쇠약의 특색에 관하여』 『개인 심리학의 이론과 실제』 등이 있다.

2월의
모든 역사

2월 8일

■
■
■

1904년 2월 8일

러일 전쟁 발발

러시아 제국 정부는 일본에게 조선에 대한 지배적인 정치 · 군사 · 경제적 권리가 있음을 인정한다. 일본 제국 정부가 조선에 채택할 필요가 있다고 생각하는 어떤 형태의 지도 · 보호 · 감독 조치에 대해서도 이를 간섭하거나 방해하지 않기로 합의한다.

-포츠머스 조약 제2조

1904년 2월 8일, 조선과 만주의 분할을 둘러싸고 일본 함대가 러시아의 뤼순 항을 기습적으로 공격하며 러일 전쟁이 발발하였다. 그리고 1905년 9월 5일, 러일 전쟁의 패전국 러시아와 승전국 일본 사이에 포츠머스 조약이 체결되었다. 이는 제국주의를 향한 일본의 첫걸음이자 우리 민족에게는 비극의 서막이었다.

일본의 승리에는 러시아의 남진을 저지하려는 영국의 도움이 컸다. 러시아의 니콜라이 황제는 북해에 주둔 중이던 발틱 함대를 조선의 동해로 파견하기 위해 수에즈 운하를 통과하게 해달라고 영국에게 요청했다. 당시 수에즈 운하의 운영권은 영국이 소유했기 때문이었다. 그러나 영국은 이를 거절했고, 러시아는 지구의 반 바퀴를 도는 여정을 시작해야만 했다.

발틱 함대는 북해에서 대서양을 돌아 아프리카 대륙의 북부에서 서남부로 내려와 남아프리카 공화국의 케이프타운에 도착했다. 그다음 아프리카 대륙의 남쪽 끝에서 대륙을 따라 동아프리카로 옮겨간 뒤, 다시 아라비아 반도를 훑고 인도와 동남아시아를 지나 동해로 들어와야만 했다. 유럽-아프리카 대륙을 모두 지나 아라비아와 인도를 거쳤던 지구 반 바퀴의 여정 때문에 발틱 함대가 쓰시마 섬 근처에 접근했을 때는 이미 지칠 대로 지쳐 제대로 전쟁을 치를 수조차 없는 상태였다.

조선의 동해에서 벌어졌던 러일 전쟁은 결국 러시아의 패배로 끝났고, 같은 해 9월 미국 포츠머스에서 루스벨트 대통령의 중재로 조약이 체결되었다. 이는 한반도와 대륙 진출에 대한 일본의 발언권이 서구 제국주의 열강의 공인을 받은 것이나 마찬가지였다. 이로써 조선의 식민지화와 만주국 건설, 중일 전쟁, 제2차 세계 대전 그리고 태평양 전쟁과 1945년 8월 15일 일본의 무조건 항복으로 이어지는 광란의 역사가 종결되었다.

　또한 러시아에서는 전쟁의 패배로 전국적인 혼란과 시위가 벌어졌으며, 이듬해 1월에는 '피의 일요일' 사건이 발생하게 되었다.

* 1946년 1월 22일 '러시아 혁명의 발단 피의 일요일 사건 발생' 참조.

—

1725년 2월 8일

러시아 황제 표트르 1세 사망

—

　러시아 로마노프 왕조의 제4대 황제인 표트르 1세(Pyotr I; 1672~1725)는 현재의 러시아 영토 대부분을 지배했던 러시아 최초의 황제였다.

　'표트르 대제'라 불리기도 하는 그는 1697년 서유럽 기독교 국가들과 동맹 체결을 목적으로 서유럽에 사절단을 파견하였으며, 1700년에는 스웨덴과 북방 전쟁을 시작하였다. 21년에 걸친 전쟁 끝에 러시아는 영토 확장에 성공하여 오늘날과 비슷한 영역을 차지하게 되었다. 1703년 네바 강 하구 부근에 상트페테르부르크를 건설한 뒤 1713년 제국의 수도를 모스크바에서 그곳으로 옮겼다. 1721년 원로원은 그에게 '임페라톨', 즉 '황제'의 칭호를 부여하고 '대제大帝'라고 불렀다. 러시아의 절대 왕정이 개창되는 순간이었다.

　1725년 2월 8일 표트르 1세는 숨을 거두면서 "내가 이룩한 이 모든 것들을, 나는……"이라고 하며 끝을 잇지 못하였다. 그가 못한 마지막 구절의 말이 아쉬움인지, 자랑스러움인지는 후세인의 궁금증으로 남았다.

1883년 2월 8일

미국 경제학자 조지프 슘페터 출생

통상적인 경제 행위가 계속되는 순환적 흐름의 상태를 창조적으로 파
괴하고 기술 혁신을 이루어야만 경제가 발전할 수 있다. 기술 혁신이란
단지 생산 방법이 바뀌는 것이 아니라 새로운 상품과 원료, 새로운 시
장과 경영 조직이 등장하는 과정이다.

1984년 기어시 교수는 미국 경제학 회지에 실은 논문에서 20세기의
세 번째 사반세기를 '케인스의 시대'라고 부른다면, 네 번째 사반세기를
'슘페터의 시대'라고 부를 수 있다고 말했다. 이는 1970년대 중반 이후
수요 관리 측면에서 정부 역할을 강조한 케인스의 정책이 잘 듣지 않게
된 반면, 공급 측면에서 기업가 역할을 강조한 슘페터(Schumpeter, J. A.;
1883~1950)의 견해가 적절한 처방이 된 것을 빗대어 말한 것이었다.

기술 혁신의 경제학자 슘페터는 케인스와 같은 해인 1883년 2월 8일
체코 동부의 모라비아에서 태어났다. 그의 아버지는 슘페터가 4살 때 세
상을 떠났고, 10살 때 그의 어머니는 퇴역 장군과 재혼했다. 이로 인해
슘페터는 최상급 학교에 다닐 수 있게 되었다.

1901년 빈 대학교에 들어간 슘페터는 오스트리아 학파의 학자에게
경제를 배웠다. 졸업 후에는 체르노비츠와 그라스 대학교에서 가르쳤
다. 1919년에는 잠시 오스트리아의 재무상을 지냈으며 1920년에는 민
간 은행장을 거쳤다.

1924년부터 그는 본 대학교의 교수로 재직했지만, 히틀러가 등장하

자 1932년 미국으로 이민을 떠났다. 이후 하버드 대학교에서 경제 이론을 가르치며 계량 경제학 회장과 미국 경제학 회장 등을 지냈다.

1944년 2월 8일

일본 언어학자 오구라 신페이 사망

한국 고대 문학의 백미라고 할 수 있는 향가의 해독은 일본인 학자들의 손에서 먼저 시작되었다. 일본인 아유가이가 처용가, 서동요, 풍요를 해독하였고, 오구라는 향가에 대한 본격적 연구를 하여 1929년에 「향가 및 이두 연구」를 발표하였다.

1882년 미야기 현 센다이 시에서 태어난 오구라 신페이(小倉進平: 1882~1944)는 도쿄 제국대학교 문학부를 졸업하고 1911년 서울로 건너와 한국어를 연구했다. 1926년에 경성제국대학교의 교수가 되었고, 1933년에는 도쿄 제국대학교로 자리를 옮겼다.

오구라는 다른 무엇보다도 이두와 향가 연구의 개척자다. 그는 1927년에 향가 연구로 문학 박사 학위를 받았고, 그 뒤로도 고대 한국어와 한국어 방언 연구를 통해 한국어학의 발전에 크게 이바지했다. 특히 『삼국유사』에 나오는 향가 14수와 『균여전』에 있는 향가 11수 등 현전하는 향가 전체에 대한 해석을 시도했다. 비록 「우적가」 같은 노래에 있어 일부 해독을 미룬 부분이 있기는 하지만 향가 25수 전체를 읽어 냈다는 점에서 획기적인 업적이었다고 할 수 있다.

물론 오늘날의 안목에서 보면 상당한 허점이나 결함이 발견되고, 그

가 해독의 기준으로 제시한 원칙들이 잘 지켜져 있지도 않은 것을 볼
수 있다. 하지만 당시의 사람들 특히 우리나라의 지식인들을 경탄시키
기에는 충분한 업적이었다. 양주동은 오구라의 작업에 크게 자극을 받
아 향가 연구에 뛰어들었고, 자신의 연구를 『조선 고가 연구』로 집대성
했다.

오구라 신페이는 1944년 2월 8일 사망하였다.

2월의
모든 역사

2월 9일

■
．
■

—

1881년 2월 9일

러시아 대문호 도스토옙스키 사망

—

나는 그 기나긴 밤마다 희망과 꿈과 글 쓰는 일에 휩싸여 거의 환
상에 빠져 살았다. 내가 창조한 인물들이 마치 현실에서 살고 있는
것처럼 사랑하였고, 그들과 더불어 즐기고 슬퍼하며 때로는 별일도
아닌 일을 당한 주인공 때문에 마음속으로 눈물을 흘리기도 했다.

-도스토옙스키

러시아의 대문호 도스토옙스키(Dostoevskii, F. M.; 1821~1881)가 작품 『가난한 사람들』을 세상에 내놓을 무렵에 자기 심정을 고백한 글이다. '넋의 리얼리즘 작가'라 불릴 만큼 인간의 내면을 추구하여 근대 소설의 새로운 가능성을 열어놓았다는 도스토옙스키는 1821년 제정 러시아 모스크바의 마린스키 빈민 병원에서 태어났다. 그의 아버지 미하일은 군의관 출신으로 이 병원 의사였다.

도스토옙스키는 열여섯 살 때 처음으로 인생의 슬픔을 처절하게 느끼게 되었다. 이해에 그는 어머니를 잃었고, 존경하던 러시아 시인 푸시킨이 결투로 죽은 것이었다. 사랑하는 부인을 잃은 그의 아버지는 영지에 은거하던 중 농노들에게 원한을 사서 살해당하였다.

이 피비린내 나는 사건은 감수성이 강한 그에게 큰 충격을 안겨 주었으며, 만년의 대작 『카라마조프의 형제들』에서 보이는 살인의 소재가 되었다. 이 사건으로 도스토옙스키는 그의 문학의 가장 특징적인 요소인 등장인물의 이중적 성격, 즉 인간 내부에 잠재하고 있는 신과 악마의 대립적인 모순을 파헤치는 일을 가장 중요한 창작의 주제로 삼게 되었다.

그의 첫 작품 『가난한 사람들』은 1846년에 발표되었다. 여기에서 그는 도시 뒷골목에 사는 소외된 사람들의 사회적 비극과 그들의 심리적 갈등을 그려 냈는데, 시인 네크라소프는 이 원고를 읽고 감동되어 "새로운 고골이 나타났다!"고 외쳤다.

그 무렵 러시아 인텔리 청년들 사이에는 서구의 공상적 사회주의 사조가 스며들고 있었다. 도스토옙스키도 이 사상에 깊이 빠져들었고, 1849년 같이 토론하던 동료들과 함께 체포되었다. 그리고 그해 12월, 21명의 동료와 함께 사형 선고를 받고 형장으로 끌려갔다. 세 사람이 기둥에 묶이고 사형 집행 병사들이 총을 들어 올린 순간, 황제의 칙사가 달려와 사형을 사면하고 유형으로 감형한다는 새로운 선고가 내려졌다. 죽음과 삶의 갈림길에서 겪은 몸서리칠 만한 이 체험은 훗날 『작가의 일기』와 『백치』에 묘사되었다.

시베리아 유형을 다녀온 그는 1862년과 이듬해에 독일, 프랑스, 이탈리아 등지로 두 번의 여행을 떠났다. 이 여행을 통해 그는 서구 문화가 퇴폐적이라고 생각하고, 오래지 않아 무너질 것이라고 보았다.

1864년 여행에서 귀국하여 『지하 생활자의 수기』를 잡지에 연재했다. 이 소설은 도스토옙스키의 예술 활동에 커다란 전기가 되는 아주 중요한 작품이 되었다. 도스토옙스키는 이 작품을 경계로 이전의 작품에서 보였던 인도주의 테두리를 벗어나 보다 폭넓은 사회 · 윤리 · 도덕 · 철학의 영역에 이르기까지 방대한 독자적인 사색의 경지를 만들어 냈다.

시베리아 유형의 고난과 시련, 사형대에서 느꼈던 공포와 죽음의 심연과 같은 체험을 통한 그의 특유한 예술성은 그만의 독자적인 작법에 의하여 창조되어 작품 속에서 깊고 울창한 숲과 높은 산과 같이 나타났다.

그는 만년에 이르러 인간의 의식이 현기증을 일으킬 만큼 높은 곳으로부터 한없는 심연에 이르기까지의 깊이를 추구함으로써 새로운 제2의 우주를 창조해 갔다. 『죄와 벌』에서 『카라마조프의 형제들』에 이르는 일련의 위대한 사색 소설을 창작하게 된 것이다.

1880년, 도스토옙스키는 모스크바에서 개최된 푸시킨 동상 제막식에서 푸시킨을 찬미하고 러시아 문화와 운명에 대해 대중에게 연설하여 큰 감격을 안겨 주었다. 그해 가을에는 대작 『카라마조프의 형제들』

을 완성하였으며, 이듬해 1881년 2월 9일에 영면하였다.

  그의 장례식은 문학자로서는 거의 예를 찾아볼 수 없을 만큼 성대하였으며, 수만의 군중이 거리를 뒤덮었다. 러시아뿐만 아니라 세계 문학과 사상에 매우 큰 영향을 끼친 도스토옙스키는 특히 니체에서 현대의 실존주의자에 이르는 사상에 근원이 되었다는 평가를 받고 있다.

———

1950년 2월 9일

미국, 매카시즘 광풍 시작

———

  미국에는 공산주의자들이 활동하고 있으며, 나는 공산주의자 297명의
  명단을 가지고 있다.

  　　　　　　　　　　　　　　　　　　　　　　　　　-조지프 매카시

  1950년 2월 9일, 미국 연방 상원이었던 조지프 매카시(McCarthy, J. R.;1908~1957)는 공화당 당원 대회에서 이와 같은 충격적인 발표로 미국을 혼란에 빠뜨렸다. 극단적인 반공주의 혹은 정적이나 체제 반대자를 공산주의자로 매도하는 행위를 일컫는 '매카시즘McCarthyism'이란 단어는 이날의 매카시로부터 시작되었다. 매카시가 말한 명부는 언론의 관심을 한 번에 끌었으며, 초미의 문제로 대두되었다. 당시 미국의 대통령이었던 트루먼은 화급히 조사 위원회를 구성했다.

  매카시의 반공 발언은 연이었고, 그가 입을 뗄 때마다 명부의 인원은 늘어났으며, 그의 입에 오른 이름과 단체는 공산주의자로 몰려 직장을 잃거나 투옥되었다. 매카시가 언급한 명부에 대한 명확한 증거가 없음

에도 그가 이끄는 광풍은 멈출 줄을 몰랐다.

드디어 매카시는 미 육군에도 헤아릴 수 없는 공산주의자와 간첩이 있다며 맹공격을 퍼붓기 시작했다. 당시 미국은 제2차 세계 대전의 승전국이자 6 · 25 전쟁까지 겪었던 나라로, 전쟁에서 직접 활약하였던 군 장성들이 여전히 실세였던 시기였다. 뿐만 아니라 1952년 대통령에 당선되었던 아이젠하워는 2차 대전의 영웅이기도 하였다.

근거 없는 매카시의 주장에 분노한 아이젠하워 대통령과 군 장성들 그리고 슬슬 매카시에게 지쳐 가던 국민들과 그의 비논리적 주장에 맞서기 시작한 언론의 움직임으로 1954년 4월 미국은 상원 공청회를 개최하게 되었다.

공청회 결과는 매카시가 주도했던 광풍의 열기와 달리 매우 허무했다. 지난 4년간 매카시가 주장했던 어떤 발언 하나도 근거가 없었으며, 그가 말했던 '명부'조차 존재하지 않았다. 텔레비전을 통해 생방송으로 공청회를 지켜보던 미국 국민들은 반공이란 명목 아래 통제되어 왔던 그들의 자유가 매카시의 거짓에서 기인한 것임을 알게 되었다.

결국 1954년 12월 미국 상원은 그동안의 매카시즘을 종결짓고 사상과 표현의 자유를 회복하기로 결정했다. 드디어 오랜 마녀사냥이 끝나고 '매카시즘'이란 단어만을 역사에 새긴 사건이 종결된 것이었다.

—

1984년 2월 9일

소련 공산당 서기장 유리 안드로포프 사망

—

소련 공산당 서기장이었던 유리 안드로포프(Andropov, Y. V.; 1914~

1984)는 소련 나구초코예에서 철도원의 아들로 태어났다. 1967년부터 국가 보안 위원회KGB 의장을 지냈으며, 동유럽 및 중국 문제 전문가로 활약하였다. 1982년 5월 당 중앙 위원회 서기로 선출되었고, 1983년 최고 회의 간부회 의장(국가 원수)에 선출되었다.

안드로포프는 부정 공무원 척결, 알코올 중독 근절, 노동자의 근무지 이탈 추방 등의 운동을 시작하여 개혁 노선을 강화해 나갔다. 그러나 반체제 인사에게는 여전히 가혹하였고 경제는 흉작으로 악화되어 갔다. 또 한국의 민간 여객기 격추로 국제 여론의 비난을 받았다. 실험 단계에 그쳤으나 국가 기강 확립, 노동 규율 강화, 기업 독립 채산제 및 농업 집단 청부제 도입의 시도 등 중앙 집권적 통제 경제 체제를 근본적으로 개혁하려고 하여, 고르바초프가 이끈 페레스트로이카 정책의 전제 조건을 구축하였다.

그러나 1983년 8월 갑작스런 중병으로 일선에서 물러났고 이듬해인 1984년 2월 9일에 사망하였다.

—

1977년 2월 9일

러시아 항공기 설계가 일류신 사망

—

소련 지상군들은 일류샤를 '곱사등''날아다니는 탱크'라고 불렀고,
적군인 독일군들은 '검은 죽음'이라는 악명을 붙여 주었다.

러시아의 항공기 설계가 세르게이 블라디미르비치 일류신(Il'yushin, S. V.; 1894~1977)은 하급 병사로 시작하여 공군 중장까지 진급한 인물이

다. 공과 학교에 입학하여 항공 공학을 공부하였다. 소형기 몇 기종을 제작한 뒤 제2차 세계 대전 중에 공격기 IL-2형을 설계하여 인정받았다.

IL-2는 2차 대전 당시 러시아의 동부 전선에서 활약한 지상 공격기이다. IL-2는 다양한 타입으로 개발·발전하였으며, 전쟁 후반에 특히 뛰어난 활약을 하였다. IL-2는 처음에 1인승 지상 공격기의 시절을 거쳐 IL-2M의 2인승 지상 공격기로 발전하면서 효용성이 증대되었다. 러시아의 조종사들은 자신들의 항공기에 여성화한 애칭을 붙여 IL-2의 경우 '일류샤'라고 불렀다. 이 애칭은 설계 팀장인 일류신의 이름을 여성형인 일류샤로 바꾸어 지은 것이었다.

이후 일류신은 소련 항공 공업의 중진으로서 자신의 이름을 본뜬 일류신 설계국을 지휘하였다. 그는 군용기, 공격기, 폭격기, 민간기 등 다양한 종류의 항공기를 설계하였으며, 1977년 2월 9일 삶을 마감하였다.

—

1969년 2월 9일

보잉 747기 상업 비행 시작

—

미국의 항공기 제조 회사인 보잉 사가 만든 보잉 747-400 여객기가 1968년 4월 첫 비행을 마치고 1969년 2월 9일 미국의 노스웨스트 항공사를 통해 상용 서비스를 시작했다. 이후 보잉 747기는 상용 항공기 사상 최고의 위치를 차지하고 있다. 747-400 기본형은 416명의 승객을 태우고 논스톱으로 13,480km를 비행할 수 있다.

2월의
모든 역사

2월 10일

■
■
■

—

1923년 2월 10일

독일 과학자 빌헬름 뢴트겐 사망

—

우리 몸은 탄소, 수소, 산소, 질소 등이 주요 구성 성분을 이루며, 그중 뼈에는 칼슘을 비롯하여 철분 등 여러 금속 성분들이 들어 있다.

X선을 우리 몸에 쬐면 뼈와 바륨 같은 특수 물질은 투과하지 못해 그림자가 생긴다. 왜냐하면 X선은 피부와 근육, 즉 일반적으로 주기율표 앞쪽에 있는 분자량이 작은 가벼운 물질만 투과할 수 있기 때문이다.

이 원리를 응용하여 병원에서는 엑스레이 촬영으로 인체 내 이물질의 발견이나 질병, 뼈의 상태를 진단한다.

뢴트겐(Röntgen, W. C.; 1845~1923)은 독일의 렘샤이트에서 독일인인 아버지와 네덜란드인인 어머니 사이에서 태어났다. 어려서는 네덜란드에서 공부를 하였고, 1865년에 취리히 연방 공과 대학교에 입학했다. 1869년 취리히에서 박사 학위를 마친 그는 독일 물리학자인 아우구스트 쿤트의 조교가 되어 과학자로서의 경력을 쌓기 시작했다.

1895년 11월 8일 저녁 뢴트겐은 놀라운 현상을 목격하게 되는데, 후일 신문 기자와 행한 인터뷰에서 그날의 상황을 다음과 같이 소개하였다.

"그날 나는 검은 종이로 완전히 둘러싸인 크룩스관으로 작업을 하고 있었습니다. 책상 위에는 백금 시안화 바륨 종이 한 묶음이 있었죠. 관에 전류를 흘려보내고 나자 종이 위에 이상한 검은 선이 비스듬하게 보였습니다."

크룩스관의 음극선이 유리관의 금속벽에 빠른 속도로 충돌하였고, 이 때문에 발생한 새로운 종류의 광선(X선)이 검은 종이를 뚫고 나와 백금 시안화 바륨을 감광했던 것이었다.

이 현상을 발견한 뢴트겐은 간단한 아이디어를 생각해 냈다. 보통 광선은 사진 건판에 작용하므로 아마 이 특이한 광선도 건판에 감광될 것이라고 생각했다. 이것을 검증하기 위하여 그는 이 선이 통과하는 길에 사진 건판을 놓고 아내를 설득시켜 관과 건판 사이에 손을 넣어 보라고 했다.

코일의 스위치를 넣어본 후 건판을 현상해서 보니 아내의 손뼈가 똑똑히 나타났고 뼈 둘레의 근육은 모습만 희미하게 보이는 것을 볼 수 있었다. 살아 있는 사람의 뼈를 사진으로 찍은 세계 최초의 순간이었다.

이 같은 업적을 인정받아 1901년 노벨 물리학상을 수상한 뢴트겐은

1923년 2월 10일 악성 종양으로 사망하였다.

1992년 2월 10일

미국 소설가 알렉스 헤일리 사망

아프리카 대륙 서쪽 끝에 있는 나라 감비아. 17세기의 영국인들은 이곳
에 요새를 만들고 본격적인 노예사냥을 시작했다. '노예 해안'이라 불
렸던 가슴 저린 역사의 한 부분은 알렉스 헤일리에 의해 소설 『뿌리』로
형상화되었다.

노예로 잡혀온 쿤타킨테와 후손들의 좌절과 용기를 그린 소설 『뿌
리』의 작가 헤일리(Haley, A.; 1921~1992)는 미국 뉴욕에서 태어났다.

그는 어릴 때 외할머니와 친척들에게 구전으로 들었던 조상 이야기를
조사하던 중, 아프리카에서 노예로 끌려온 흑인 쿤타킨테가 그의 조상
이라는 사실을 알게 되었다. 헤일리는 작품 속의 '쿤타킨테'로 등장하는
토비 할아버지에 대한 자료를 수집하려고 조상들의 고향으로 갔다.

다행히 감비아에서 그리오트라는 사람을 만났다. 그리오트는 수백
년에 걸친 조상들의 역사를 줄줄이 꿰어 머리에 담아 두었다가 몇 날
며칠 동안 쉬지 않고 말해 주었다.

헤일리는 자신이 직접 주인공 쿤타킨테가 되어 많은 것을 경험하려
고 시도하였다. 매일 저녁 식사가 끝나면 철제 사다리를 타고 화물선
의 바닥에 가까운 선창으로 내려갔다. 그리고 팬티만 입은 채 단단하
고 거친 바닥에 거적을 깔고 잤다. 피부에 피가 맺히고 멍이 들고 뼈마

디의 아픔이 이만저만이 아니었다. 하지만 이 시도는 사슬에 묶여 대
소변 범벅이 된 채 불안과 공포, 노여움 속에서 시달리며 3개월 동안
신대륙으로 실려 가야 했던 조상들의 고통과는 비교할 수 없는 것이
었다.

알렉스 헤일리의 『뿌리』는 베스트셀러가 되었고, 1977년 퓰리처 특
별상을 받았다.

그러나 이 책이 출판되기까지 헤일리는 원고 보따리를 들고 4년이나
출판사를 찾아다녔으며, 받아 주는 곳이 없어 자살도 생각했다고 한다.
킨트 재단을 창설하여 흑인 가계에 대한 정보들을 수집하기도 했던 헤
일리는 1992년 2월 10일 사망하였다.

—
1752년 2월 10일

영국 수필가 찰스 램 출생

—

수필가 찰스 램(Lamb, C.; 1775~1834)은 1752년 2월 10일 영국 런던
에서 태어났다.

그는 1792년에서 1825년까지 동인도 회사에서 근무하면서 동창인
콜리지를 포함한 다른 시인들과 교류를 맺었다. 1807년에 누이와 합작
으로 『셰익스피어 이야기』를, 1808년에는 『율리시스의 모험』을 발표하
여 어린이들에게 많은 사랑을 받았다.

그가 45세 때부터 쓰기 시작한 『엘리야의 수필』은 영국 수필의 걸작
으로 평가받고 있다. 이 수필집은 다양한 주제와 친숙한 문장으로 쓰인
램만의 독특한 작품이다.

2005년 2월 10일

미국의 극작가 아서 밀러 사망

2005년 2월 10일 코네티컷 주에서 미국의 양심을 대표하던 극작가 아서 밀러(Miller, A. A.; 1915~2005)가 심장 마비로 사망하였다. 1915년 10월 17일 미국 뉴욕에서 태어난 밀러는 여배우 메릴린 먼로와의 결혼으로도 유명하다.

대표작으로는『행운을 잡은 사나이』『세일즈맨의 죽음』『비시에서 생긴 일』등이 있으며, 이 중『비시에서 생긴 일』은 2차 대전 당시 독일 나치스의 잔혹함을 옮긴 작품이다.

2월의
모든 역사

2월 11일

■
■
■

1847년 2월 11일

미국 발명가 토머스 에디슨 출생

천재는 1%의 영감과 99%의 노력으로 만들어진다.

-에디슨

미국의 발명가였던 토머스 에디슨(Edison, T. A.; 1847~1931)은 특허 수가 1,000종을 넘어 '발명왕'이라고 불리기도 했지만 뛰어난 사업가이기도 했다.

에디슨은 1847년 2월 11일 미국 오하이오 주에서 태어나 7살 때에 초등학교에 들어갔으나 겨우 3개월 만에 퇴학당했다. 그 바람에 대부분의 교육은 어머니에게 받아야 했고, 집안이 가난해 12세 때부터 기차에서 신문팔이를 하며 과학자의 꿈을 키워야 했다.

에디슨은 1868년 전기 투표 기록기 발명으로 첫 번째 특허를 받았다. 이어서 주식 상장 표시기, 백열전등, 영화 촬영기, 영사기, 에디슨 축전기 등 끊임없이 놀라운 발명품들을 생각해 냈다. 에디슨의 발명품 특허권을 받기 위해 사업가들이 그의 집 앞에 줄 서서 기다릴 정도였다.

에디슨은 사업 수완이 탁월했고, 거대 자본과 결합해 경제적으로도 크게 성공할 수 있었다. 그러나 그의 승부욕과 재물욕은 경쟁자에 대한 무자비하고 비이성적인 탄압으로 나타나기도 했다. 1888년부터 벌어진 에디슨과 테슬라(Tesla, N.; 1856~1943) 사이에 벌어진 '전류 전쟁'이 그 예이다.

전류 전쟁은 전기를 공급할 때 직류 또는 교류 중 어느 방식을 택할 것이냐를 놓고 벌어진 것이었다. 직류 방식을 내세운 에디슨은 흑색선전과 언론 플레이, 최초의 전기의자 사형 집행 등 선정적인 이벤트로 테슬라의 교류 방식을 매장시키려고 했다.

그러나 테슬라 역시 만만한 인물은 아니었다. 테슬라는 비상한 암기력으로 6개 국어에 능통했으며, 그라츠 공업 학교와 프라하 대학교에서 수학, 물리학, 기계학을 공부했다. 졸업 후 오스트리아의 전신국에 근무하였고 부다페스트와 파리에서 전기 기사로 일했다. 그가 미국으로 건너가 에디슨의 회사에 입사한 것은 1884년이었다.

당시 백열전등을 갓 발명한 에디슨은 이를 퍼뜨리기 위해 전기 전송 방식을 고안해 냈다. 그러나 에디슨의 직류 방식은 여러 가지 문제점이 있었다. 전기를 직류 방식으로 운반하려면 전선이 매우 두꺼워야 하고, 거리에 따른 손실이 커 다른 도시로 전기를 전송할 수가 없었다. 에디 슨은 테슬라에게 이 같은 직류 방식의 문제점을 해결하도록 요구했다. 이에 대해 테슬라는 에디슨에게 직류 방식을 포기하고 교류로 전환할 것을 주장하였으나 에디슨은 테슬라의 주장을 받아들이지 않았다.

결국 테슬라는 에디슨의 회사를 나왔고, 웨스팅하우스 사는 테슬라 의 교류 방식 특허권을 사들였다. 이 일은 세계 자본의 중심인 뉴욕에 서 에디슨의 GE 사와 웨스팅하우스 사의 전기 시스템 싸움이 벌어지는 계기가 됐다. 에디슨의 직류 방식은 이미 시장을 점령하기 시작한 터였 으며, 그는 자신이 채택한 직류 방식에 엄청난 돈을 투자했기 때문에 이 싸움을 피할 수가 없었다. 에디슨은 온갖 방법을 동원해 교류 방식 에 흠집을 내려 했다. 그중 하나가 테슬라의 교류 방식은 자신의 직류 방식보다 위험하다는 주장이었다.

이에 대해 테슬라는 1893년 시카고에서 열린 세계 박람회에서 자신 의 몸으로 교류 전류가 지나가게 한 후 전등을 켜는 모습을 직접 사람 들 앞에서 보여 주었다. 이후 전기 시스템의 표준은 교류 방식으로 채 택됐고, 테슬라의 완전한 승리로 끝났다. 에디슨은 훗날 다음과 같이 말했다.

"나는 전등을 발명하였으나 전혀 이익을 보지 못했다."

비록 에디슨에게 많은 문제점이 있던 것은 사실이지만 그렇다고 그 의 업적을 낮게 평가할 수는 없다. 에디슨의 다음과 같은 말이 왜 그토록 사업에 집착했는지 알려 주기 때문이다.

"나는 발명을 계속하기 위해 돈을 벌어야 했다."

1979년 2월 11일

이란 혁명 발생

1979년 2월 11일 이란의 팔레비 왕조가 무너졌다. 회교 혁명은 이란 역사상 최초로 민중이 봉기하여 지배자를 교체한 혁명이었으며, 이란 역사상 최초의 공화정이 탄생한 사건이었다. 그렇지만 오랫동안 유지되어 왔던 최고 지도자가 성속聖俗의 절대 권력을 행사하는 체제는 여전히 계속되고 있다.

1963년 이란의 팔레비 왕은 국가 개혁을 기치로 6개 항목의 개혁 조치를 국민 투표에 회부하여 이른바 '백색 혁명'을 시작하였다. 혁명의 주된 내용은 토지 개혁, 문맹 퇴치, 사업 종사자에 대한 병역 면제 등이었으며 여성에게도 투표권이 부여됐다. 그러나 성직자의 상당수가 지주였고 팔레비 왕의 개혁 정책은 수백 년간 이어 내려온 성직자의 지배적 권위와 특권을 폐지하는 것이었으므로, 곧 성직자 계급의 강한 반발에 부딪혔다.

이슬람 성직자의 반대에도 불구하고 토지 개혁은 꾸준히 진행되었고 생활 수준도 향상돼 왕정에 대한 반대가 점차 수그러들기 시작하였다. 내정의 안정을 확보한 팔레비 왕은 스스로 중동 및 걸프 지역의 경찰 역할을 떠맡았다. 막대한 비용을 투입하여 군비 강화에 힘썼으며 미국산 무기 구입에 막대한 비용을 소비하였다. 그러나 국민들은 이러한

친미 노선을 비굴한 외세 의존으로 이해하였으며, 팔레비 왕조의 비민
주성과 빈부 격차 그리고 이슬람 전통을 무시한 서구화는 국민의 저항
을 불러일으켰다. 이러한 저항은 곧 호메이니 지도하에 조직화되기 시
작했다.

1976년 후반부터 이란 경제는 눈에 띄게 악화되었다. 막대한 규모의
예산이 체계적인 계획도 없이 팔레비 왕의 과시욕을 충족시키기 위해
불필요한 건설과 군비 강화에 투입되었으며, 정부 관리의 무능과 부패
속에 물가는 폭등하고 빈부 격차는 더욱 심해졌다.

한편 정부는 이슬람 지도자 호메이니가 영국의 간첩이며 동성애자
라는 거짓 기사로 국민을 자극했으며, 쿰에서 발생한 학생 시위를 무력
진압하였다. 이에 이스파한 시의 바자르가 항의 표시로 영업을 중지하
고 시위에 나섰으나 정부에 의해 다시 무자비하게 해산되는 등 1978년
벽두부터 시위와 유혈 진압의 악순환이 시작되었다.

한편 추방 이후 이라크에 머물렀던 호메이니는 프랑스로 망명하였
다. 그의 프랑스 망명은 국제적 언론과의 접촉을 쉽게 만듦으로써 이
란 반정부 운동이 국제적 주목을 받을 수 있는 중요한 계기가 되었다.
또한 호메이니는 국외에서 이란 내 반정부 시위를 지휘하였다. 결국 군
인들마저 호메이니를 지지하자 이란의 왕정은 완전히 끝나게 되었다.
1979년 1월 결국 팔레비 왕과 그의 일가는 이란을 떠나야만 했고, 사
실상 민중 봉기는 성공을 거두었으며, 회교 지도자에 의한 이란 신정부
출범이 이루어졌다. 그리고 팔레비 정부를 타도하라고 지시하였던 호
메이니는 1979년 2월 1일 열렬한 군중의 환호 속에 귀국하였다.

한편 미국은 1979년 이란의 이슬람 혁명이 성공하자 이란 정권이 미
국의 중동 패권에 위협이 된다고 판단하고 사담 후세인의 이라크를 본

격적으로 지원하기 시작했다. 그리고 1980년 9월에 발생하여 8년 이상
을 끈 이란-이라크 전쟁 동안 미국은 후세인 정권의 든든한 버팀목 역
할을 했다.

* 1979년 2월 1일 '이란 혁명 지도자 호메이니 귀국' 참조.

1975년 2월 11일

대처, 영국 수상으로 당선

1975년 2월 11일 영국 보수당 소속인 하원의원 출신의 매거릿 대처
(Thatcher, M. H.; 1925~)가 영국 최초의 여성 당수(보수당)로 선출되었다.
그리고 1979년 영국 최초의 여성 총리에 취임하여 영국 사상 최장기
집권의 총리로 역임하며 영국 정치를 이끌었다.

1948년 2월 11일

러시아 영화감독 에이젠슈테인 사망

소련 영화의 황금기를 이루어낸 러시아의 영화감독 세르게이 에이젠
슈테인(Eisenstein, S. M.; 1898~1948)이 1948년 2월 11일 사망했다. 그는
1920년부터 무대 감독으로 일하기 시작했다. 영화감독으로서의 데뷔
작은 1924년의 『스트라이크』였으며 다음 해에 발표한 『전함 포템킨』으
로 세계적인 영화감독이 되었다. 특히 '몽타주'라는 영화 편집 기법을

개발한 것으로 유명하다.

—

2011년 2월 11일

이집트 무바라크 대통령 하야 발표

—

이집트의 무바라크(Mubarak, M. H. S.; 1928~) 전 대통령은 1981년 11월부터 2011년 2월까지 약 30년 동안 대통령의 지위를 차지했던 인물이다.

1928년 5월 4일 이집트 북부의 나일 강변에 위치한 무누피아 주에서 태어난 무하마드 호스니 사이드 무바라크는 1975년 이집트의 부통령으로 임명되었다. 1981년 10월 동향 출신의 안와르 사다트 대통령이 암살당하자 다음 달인 11월에 이집트 대통령으로서 직무를 시작하였으며, 그의 집권 기간은 이집트의 파샤였던 무하마드 알리(Muhammad 'Ali; 1769~1849)의 집권 기간(1805~1849) 이후 최장기였다.

2011년 튀니지 재스민 혁명의 여파로 북아프리카의 다른 독재 국가들에서도 반정부 혁명이 발생하기 시작하였고, 이집트 역시 무바라크에 대한 반정부 시위가 발생하였다. 최초 무바라크는 퇴진을 거부하였으나 국민들의 연이은 시위로 인해 결국 2011년 2월 11일에 하야를 발표하고 권좌에서 물러났다.

2월의
모든 역사

2월 12일

■
■
■

—

1809년 2월 12일

영국 생물학자 찰스 다윈 출생

—

1925년 7월 10일, 미국 테네시 주에 사는 고등학생 브라이언은 고
등학교 교사 스콥스를 고발하였다

"스콥스 선생님은 주州의 법률을 어기고 학생들에게 진화론을 가르
쳤습니다."

'원숭이 재판'이라 불린 이 재판에서 스콥스는 유죄 판결을 받고
100달러의 벌금을 물었다. 그리고 테네시 주의 이 법률은 1967년
에야 폐지되었다.

　서양의 정신 분석학자 프로이트는 두 차례의 과학 혁신이 인간의 오만을 차례로 뒤엎었다고 말했다. 첫 번째는 코페르니쿠스에 의해 '우주의 질서는 지구를 중심으로 만들어진 것이 아니며 지구는 단지 태양을 도는 작은 별에 지나지 않는다'라는 사실을 깨닫게 되었다는 것이다. 이로써 인간은 우주의 중심이라는 오만이 무너졌다. 두 번째는 다윈에 의해 일어났다. '인간이 동물의 후손으로 격하되면서 인간의 자존심은 충격적으로 무너졌다'는 것이다.

　진화론의 선구자인 찰스 다윈(Darwin, C. R.; 1809~1882)은 1809년 2월 12일 영국의 서부 지방인 슈루스버리에서 태어났다. 유명한 내과 의사였던 다윈의 아버지는 아들에게 가업을 잇도록 하기 위해 1825년 그를 에든버러 대학교의 의학부에 입학시켰다. 그러나 당시에는 마취학이 발달하지 못했기 때문에, 찰스는 아파서 부르짖는 환자의 비명 소리를 듣고 수술실에서 뛰쳐나왔다. 1828년 아버지는 다시 그를 목사로 만들 생각에 케임브리지 대학교로 보냈다. 이곳에서 다윈은 식물학 교수인 헨슬러에게 가르침을 받았고, 지질학자를 따라 북부 웨일스 지방의 지질을 조사하기도 했다.

　1831년 여름에 다윈은 운명을 바꾸어 놓을 한 통의 편지를 받았다. 해군성에서 2년 예정으로 남아메리카, 태평양, 말레이 제도의 수로를 조사하기 위해 전함 비글호에 탑승할 사람을 모집한다는 것이었다. 그의 아버지는 목사 수업에 도움이 되지 않는다고 반대하였지만 외삼촌의 설득으로 허락되었다.

　비글호는 남아메리카의 리오데자네이루, 마젤란 해협, 칠레 남부 해안을 따라 항해했고, 페루까지 올라간 다음 태평양으로 나가 갈라파고스 제도, 타히티 섬, 뉴질랜드 등을 차례로 답사했다. 또한 인도양과 남아프리카, 대서양의 여러 섬들을 찾아다니면서 여정은 점점 길어졌다. 2년 예정으로 떠난 비글호의 여정은 거의 5년이 걸렸다.

1836년, 27살의 다윈은 비글호와 함께 영국으로 돌아왔으며, 손에는 다윈이 보고 느낀 것을 꼼꼼하게 적은 18권의 공책이 들려 있었다. 이것을 바탕으로 1839년에 펴낸 책이 바로 『비글호 항해기』였다.

> 바다 이구아나는 갈라파고스 섬 전체에 엄청나게 많으며, 바위로 된 해변에만 산다. 이 도마뱀의 위장을 해부해 보면 해초 외에는 아무것도 없다. 꼬리와 발의 구조 그리고 바다로 헤엄치는 모습으로 보아 이 도마뱀은 물에 사는 습성이 있다는 것을 알 수 있다.
> 그런데 한 가지 이상한 것은 놀라도 물로 뛰어들어 가지 않는다는 점이었다. 이놈을 바닷가로 몰아내도 물에 뛰어들지 않으므로 쉽게 잡을 수 있다. 나는 한 마리를 잡아 깊은 웅덩이로 던졌으나, 곧바로 내가 서 있는 곳으로 되돌아왔다.

다윈은 갈라파고스 제도와 다른 여러 지방의 동식물 및 지질을 관찰함으로써 생물 진화에 대한 확신을 얻게 되었다. 다윈의 여러 업적 중 생물 진화에 관한 연구뿐 아니라 지질에 관한 것도 빼놓을 수 없다. 그는 산호초가 만들어지는 과정을 이렇게 설명하였다.

> 1836년 4월 12일 킬링 섬에 머물면서…… 산호초는 환초, 보초, 거초 세 가지로 나뉜다. 환초는 원반 모양으로 형성된 산호초이고, 보초는 대륙 또는 큰 섬의 해안 앞에 직선으로 발달하거나 작은 섬을 둘러싼 산호초이다. 거초는 육지와 바다가 접하는 곳에 리본 모양으로 펼쳐진

산호초를 말한다. 거초는 육지가 천천히 융기할 때 생기고, 환초와 보
초는 침강할 때 형성된다.

다윈은 태평양과 인도양을 항해하면서 산호초의 종류와 차이를 명확
하게 파악해 산호초가 만들어지는 과정을 밝혀낸 것이다.

『비글호 항해기』는 1839년에 초판, 1845년에 2판, 1860년에 3판이
나왔다. 만년에 그는 『비글호 항해기』에 대해 "나의 최초의 문학적 작
품이 성공해서 어떤 다른 책보다도 나를 기쁘게 해주었다."라고 술회
했다.

찰스 다윈은 비글호 항해를 마치고 귀국한 후 1838년 영국 지질학
회 서기가 됐으며, 이듬해에는 영국 학사원의 회원이 되는 영광을 누
렸다. 이 같은 지위에 오르기에는 아직 젊었지만 학자들이 그의 학문
적인 업적을 충분히 인정했기에 가능한 것이었다.

1839년 1월, 다윈은 사촌 누나인 에마 웨지우드와 결혼하고 학문에
더욱 몰두했다. 그리고 1859년 11월 22일 불후의 명저인 『종의 기원』
을 발간해 진화론을 주장하면서 인류의 역사를 뒤바꿔 놓았다.

—

1809년 2월 12일

미국 16대 대통령 에이브러햄 링컨 출생

—

미국 16대 대통령이었던 에이브러햄 링컨(Lincoln, A.; 1809~1865)은
1809년 2월 12일 켄터키 주에서 태어났다.

그는 1860년에 있었던 대통령 선거에서 공화당 후보로 지명받았고,

1861년 3월 4일 대통령으로 취임하였다. 1863년 1월 노예 해방령을 발표하고 같은 해 11월 게티즈버그 국립묘지 설립 기념식 연설에서 "국민에 의한, 국민을 위한, 국민의 정부는 지상에서 영원히 사라지지 않을 것이다."라는 유명한 말을 남겼다.

이듬해인 1864년 대통령으로 재선되어 남북 전쟁을 승리로 이끌었으나, 1865년 암살당했다.

* 1863년 1월 1일 '링컨, 노예 해방 선언' 참조

1881년 2월 12일

러시아 발레리나 안나 파블로바 출생

파블로바는 수영을 좋아했으나 물속에선 놀랍게도 서툴렀다. 손발로 물장구를 칠 뿐 몸이 뜨지 않고 중심을 잡지 못했다. 더욱 심한 것은 다이빙을 할 때였다. 무대 위에서는 찬란한 빛처럼 투명하고 아름다워 마치 공기처럼 가볍게 보이는 그녀가 다이빙할 때면 큰 대大자로 물 위에 떨어졌다. 그때마다 나는 식은땀이 날 지경이었다.

파블로바(Pavlova, A. P.; 1881~1931)의 매니저는 그녀의 인간적인 매력을 이렇게 설명하였다.

러시아의 전설적인 발레리나였던 안나 파블로바는 1881년 2월 12일 러시아의 상트페테르부르크에서 태어났다. 두 살 때 아버지를 잃고 홀로된 어머니와 가난한 생활을 하였다. 열 살이 되었을 때 황실 발레 학

교에 입학 허가를 받고 학교 급식으로 야위었던 몸이 제 모습을 찾게 되었다. 1907년부터 유럽 여러 나라에서 공연을 시작하였으며, 1914년에는 무용단을 조직하여 17년 동안 세계를 돌며 공연하였다.

파블로바는 역사상 어떤 발레리나도 감히 견줄 수 없을 만큼 특별했던 발레리나로 기억된다. 그녀는 유럽을 비롯하여 라틴 아메리카의 소도시, 미국의 작은 마을까지 구석구석 찾아다니며 공연했으며, 본격적인 국외 순회공연에 나선 후 15년 동안 공연한 횟수는 4,000여 회를 헤아린다. 당시 파블로바가 죽어 가는 백조의 마지막 순간을 표현한『빈사의 백조』를 공연할 때면 객석은 눈물에 젖곤 했다.

세계 여러 나라에서 파블로바가 받은 환대는 대단했다. 스웨덴에서는 왕이 자신의 승용차를 내주었고, 혁명 직후의 멕시코를 방문했을 때는 대통령이 보낸 200명의 군인이 파블로바 일행의 기차 지붕에 앉아 함께 이동하며 신변을 보호했다. 파블로바는 이렇듯 세계에서 국빈급 환대를 받았지만 늘 조국을 잊지 않았다. 1923년 러시아에 기근이 들었을 때는 구호 물품을 보냈으며, 파리의 러시아 고아들을 위해 보호 시설을 만들었다.

1931년 1월23일, 그녀는 네덜란드 헤이그의 한 호텔에서 순회공연 중에 얻은 폐렴으로 한마디 말만 남기고 숨을 거두었다.

"내 백조 의상을 가져다줘요."

50세 생일을 며칠 앞두고 세상을 떠나기까지 평생을 발레에 묻혀 살았던 불멸의 백조다운 최후였다 .

2001년 2월 12일

미국 탐사선 슈메이커호,
소행성 433 에로스에 착륙 성공

1996년 2월에 발사하였던 미국의 무인 우주 탐사선 슈메이커호가 소행성 에로스에 무사히 착륙하였다.

발사 후 약 4년간 3억 2,000만km를 홀로 비행하며 에로스에 도달했던 슈메이커호는 2000년 2월 14일 소행성 433 에로스의 궤도로 무사히 진입하였다. 이후 약 16만 장에 달하는 사진을 지구로 전송하였으며, 일 년이 지난 2001년 2월 12일 오후 3시 무렵 드디어 착륙에 성공하였다.

당시 슈메이커호는 연료가 거의 소진된 상태로 동체 착륙을 해야만 하는 상황이었다. 다행히 무사 착륙한 슈메이커호는 지표 10cm 아래까지 탐색하여 지구로 자료를 전달했으며 앞으로의 소행성 구조와 성분 연구에 혁명적인 도움을 주게 되었다.

그러나 2001년 2월 28일을 마지막으로 슈메이커호는 지구와 연락이 두절되었다. 이것은 슈메이커호의 특수성 때문이었다.

소형차 크기의 슈메이커호는 빠르고 저렴하며 우수한 성능을 모토로 제작되었고, 태양 전지판을 부착하여 태양열로 움직이는 탐사선이었다. 그러나 지구에서 소행성 433 에로스까지의 거리는 약 3억 2,000만km이며, 태양에서 지구까지의 거리는 약 1억 5,000만km이다. 태양에서 약 4억 7,000만km 떨어진 소행성 에로스에서 더 이상의 태양열을 흡수하기 힘들어진 것이었다.

  금성-달-화성에 이어 인류 네 번째로 타 행성 착륙에 성공해 지구로 수많은 자료를 전해 주었던 슈메이커호는 임무를 완수하고 사실상 수명을 다하게 되었다.

2월의
모든 역사

2월 13일

■
■
■

1689년 2월 13일

영국 의회,「권리 선언」제출

영국 왕은 영국 교회에 속하며, 왕은 법의 집행을 정지하지 못한다.
왕은 의회의 동의 없이 세금을 걷지 못한다.
의회 안에서는 언론의 자유가 보장되어야 하며, 의회의 회기는 자
주 열린다.
백성은 청원권을 가진다.

-권리 장전

헨리 8세의 수장령(1534)과 함께 영국의 절대주의 시대를 열었던 튜더 왕조는 엘리자베스 1세(재위: 1558~1603)의 통치 기간인 16세기를 통해 왕의 권리를 강화하고 영국의 이익을 증대시켰다. 튜더 왕조는 민중의 인기에 맞는 정책을 다양하게 시행하였으며, 영국 의회는 프랑스의 신분회와 달리 건재하였다. 비록 영국 의회도 왕에게 매여 있었지만, 영국 교회의 독립 문제나 수도원 해산과 같은 중요한 문제는 항상 의회가 법을 세워야 시행이 가능했다.

그러나 엘리자베스 여왕 사후에 들어선 스튜어트 왕조의 왕들은 절대주의 체제를 강화하려 했다. "왕은 신을 대신하는 사람이다."라고 말한 바 있는 제임스 1세(재위: 1603~1625)가 대표적이다. 그는 의회와 대립하고 왕권신수설을 주장하였던 대표적인 왕으로, 프랑스의 앙리 4세에게 "기독교 세계에서 가장 현명한 바보."라는 평을 듣기도 하였다.

제임스 1세를 이은 찰스 1세(재위: 1625~1649) 역시 왕권신수설을 강조한 왕이었다. 그러나 프랑스와의 전쟁에 말려들어 전쟁 자금이 필요했던 그는 의회의 권한을 인정하라는 권리 청원을 받아들였다. 하지만 의회의 동의 없이 세금을 걷고 국가 중대사를 마음대로 처리하였으며 제임스 1세처럼 가톨릭을 국교로 복귀하려고 시도하였다. 이 때문에 영국에서는 크롬웰을 중심으로 청교도 혁명이 일어났고, 1649년 1월 찰스 1세는 사형당하고 말았다.

크롬웰은 군대와 국정을 장악하고 종신제의 호국경으로 취임했다. 그러나 크롬웰이 죽고 아들이 그 자리를 잇자 정국은 혼돈으로 빠졌고, 찰스 2세가 귀국하여 왕정복고가 이루어졌다. 찰스 2세는 청교도 혁명을 잠재우기는 했지만, 왕의 마음대로 재판할 수 없었고 법을 만들 수도 없었다. 찰스 2세는 사형당한 찰스 1세의 아들로 망명길에 올랐다가 복권된 왕으로, 다시는 망명길에 오르고 싶지 않기 때문에 의회를 존중하겠다고 동의하였다. 왕과 의회가 영국의 정치권력을 나누어 가지는 세상이 온 것이었다.

그러나 찰스 2세 역시 스튜어트 왕조의 다른 왕들처럼 프랑스의 루이 14세를 찬양하고 가톨릭을 부활하려는 등 전제 정치를 추구하였다. 결국 의회는 다시 소란에 빠졌고 왕당파의 토리당과 신교도의 휘그당으로 나뉘게 됐다. 1679년 입헌 군주제를 지지하는 휘그당이 선거에서 크게 승리하였고, 왕당파는 힘을 잃게 되었다.

1685년 찰스 2세가 죽고 제임스 2세가 즉위하였다. 새로운 왕은 가톨릭 회복 선언 칙령을 내렸으나, 왕당파의 국교도마저 이를 반대하였다. 결국 의회는 제임스 2세의 장녀인 메리와 그녀의 남편인 네덜란드의 지배자 오렌지 공 윌리엄을 영국 왕으로 초청하였다.

사태가 불리해지자 제임스 2세는 프랑스로 망명하였고, 1688년 메리 2세는 남편과 공동 통치자로서 즉위하였다. 이른바 전쟁을 치르지 않은 '명예혁명'이 이루어진 것이었다. 이로써 영국의 절대 왕정은 역사의 뒤편으로 사라지고 입헌 군주제가 성립되었다.

1689년 2월 13일 영국 의회는 왕관과 함께 「권리 선언」을 제출하여 승인을 받았다. 의회는 이 선언을 토대로 1689년 12월 16일 '신민臣民의 권리와 자유를 선언하고 왕위 계승을 정하는 법률'이라는 이름의 의회 제정법을 공포하였으며, 이것이 곧 「권리 장전」이다.

—

1910년 2월 13일

트랜지스터 발명자 윌리엄 쇼클리 출생

—

1948년 미국의 벨 연구소는 윌리엄 쇼클리(Shockley, W. B.; 1910~
1989)와 존 바딘(Bardeen, J.; 1908~1991), 월터 브래튼(Brattain, W. H.;
1902~1987) 등 3명이 '트랜지스터'를 개발했다고 발표했다. 전문가들은
진공관을 $\frac{1}{220}$ 크기로 줄였다는 기자 회견 내용을 믿으려 하지 않았다.
그러나 쇼클리가 최초의 개량형 트랜지스터를 들고 나오자 이 신개발
품이 가져올 혁명적 변화를 실감하기 시작했다.

대형 진공관을 대체한 트랜지스터는 20세기 최고의 발명품 가운데 하
나로 불리며 전자 혁명을 불러일으켰다. 트랜지스터가 등장하기 이전까
지 라디오와 전화의 수신 · 증폭 · 송신에 이용되던 진공관은 수명이 짧
고 부피가 크며 전력 소모도 많다는 단점이 있었다. 이에 비해 세 사람
이 공개한 트랜지스터는 반도체의 특성상 기존 진공관에 비해 작고 가
벼운 데다 수명이 길고 소비 전력도 거의 없는 혁명적인 제품이었다.

전자 업계는 트랜지스터에 대한 연구와 개량 작업을 지속해, 이후 게
르마늄을 대체하는 실리콘이 등장하였고 성능도 더욱 안정되었다. 크
기 또한 점점 소형화됐으며 강도도 강해졌다. 그러나 개발은 미국이 했
음에도 정작 재미를 본 것은 일본이었다. 1955년 일본의 소니 사에서
세계 최초의 트랜지스터 라디오인 TR-55를 내놓았기 때문이었다.

트랜지스터 공동 개발자 중의 한 명인 쇼클리는 1910년 2월 13일 영
국에서 태어났다. 그는 미국의 캘리포니아 공과 대학교를 다녔으며,
1936년 염화나트륨의 에너지 띠 구조에 관한 연구로 학위를 받았다.

특히 p-n 접합형 트랜지스터를 발명하여 1956년 바딘, 브래튼과 함께 노벨 물리학상을 수상했다.

1883년 2월 13일

독일 작곡가 빌헬름 바그너 사망

빌헬름 리하르트 바그너(Wagner, W. R.; 1813~1883)는 독일 라이프치히에서 태어난 가극 작곡가이다. 그의 대표적인 작품 『니벨룽겐의 반지』는 「라인의 황금」「발퀴레」「지그프리트」「신들의 황혼」 등으로 구성된 총 14시간 30분의 대작으로, 오페라사에 있어 기념비적인 작품이다. 이 대편성의 악극은 바그너 평생의 이념이 반영된 것으로 기획에서 완성까지 무려 26년이란 세월을 필요로 했다. 그의 오페라는 음악계뿐 아니라 문학, 미술 등에 이르는 문화 예술 전반에 유례없는 파급을 미쳤다.

그러나 그는 심각한 반유대주의자인 동시에 게르만 우월주의자였으며 훗날 그의 음악은 히틀러의 사랑을 독차지했다. 이 같은 이유로 제2차 세계 대전이 끝난 후에도 이스라엘에서는 오랜 시간 그의 음악이 연주 금지 대상이었다.

1883년 2월 13일 사망하였으며, 주요 작품으로는 『니벨룽겐의 반지』 외에 『방황하는 네덜란드인』 『트리스탄과 이졸데』 『탄호이저』 등이 있다.

___

1974년 2월 13일

소련, 반체제 작가 솔제니친 추방

___

알렉산드르 솔제니친(Solzhenitsyn, A. I.;1918~2008)은 20세기 러시아의 가장 중요한 문예가로 손꼽힌다. 그는 러시아 카프카스에서 태어나 주로 어머니 손에서 자라났다. 로스토프나도누 대학교에서 수학을 전공한 다음 모스크바 대학교에서 문학과 통신 과정을 공부하였다. 1945년 스탈린을 비판한 편지를 썼다는 이유로 체포되어 8년 동안 감옥과 강제 노동 수용소에 감금되었다.

1962년 탈 스탈린화 정책의 뚜렷한 증거로 문화생활에 관한 정부의 통제 완화에 힘을 얻은 그는 자신의 단편 소설 『이반 데니소비치의 하루』를 발표하였다. 이 소설은 스탈린 시대 강제 노동 수용소에서 한 죄수가 겪는 생활을 묘사한 것이었다.

1970년 노벨 문학상을 수상한 솔제니친은 1973년 12월에 파리에서 『수용소 군도』 제1부를 출판하였으나 이듬해 2월 12일에 반역죄로 법정에 서게 되었으며, 이튿날인 1974년 2월 13일 소련에서 추방당해 스위스로 이주하였다.

2월의
모든 역사

2월 14일

■
·
■

1766년 2월 14일

영국 인구 통계학자 토머스 맬서스 출생

만약 빵과 물을 제외하고 반년 동안 모든 소비가 중지된다면,
화폐에 대한 수요는 어떻게 될까?

　영국의 인구 통계학자 토머스 맬서스(Malthus, T. R.; 1766~1834)는 '적당한 절약은 자본을 축적하여 사회 발전의 원동력이 될 수 있지만, 지나친 절약은 공장에서 생산한 물건을 사들일 수 있는 유효 수요를 줄어들게 만들어 불황이 일어나게 될 것이다'라고 주장하였다. 맬서스의 이론은 20세기 초 불황을 극복하는 데 큰 공헌을 한 케인스에게 이어졌다.

　『인구론』으로 유명한 맬서스는 아담 스미스에서 시작된 고전파 경제학자 중 한 사람이다. 그는 1766년 2월 14일 유럽 계몽사상의 영향을 받은 부유한 목사의 아들로 태어났다. 그의 말에 따르면 '출생이라는 커다란 제비뽑기에서 제법 큰 행운을 잡은 것'이었다. 아버지인 대니얼 맬서스 2세는 도킹 부근의 아름다운 농장을 사서 멋진 저택을 지었다. 이곳에서 맬서스는 아버지와 많은 토론을 하였고, 이는 『인구론』의 배경이 되었다.

　맬서스는 18살 되던 1784년, 케임브리지 대학교의 지저스 칼리지에 입학했다. 그는 이곳에서 특정 분야뿐만 아니라 역사와 문학 등 다양한 분야의 공부를 꾸준히 하여 사회를 폭넓게 바라볼 수 있는 시각적 바탕을 갖추게 되었다.

　우수한 성적으로 지저스 칼리지를 졸업한 맬서스는 아들 가운데 하나쯤은 성직자를 만드는 18세기 영국 부유층의 관행에 따라 목사가 되었다. 그러나 그는 하나님의 사업보다는 인간의 사업에 더 큰 흥미를 보였고, 대학교를 마친 후 역사와 정치, 경제 등 다방면의 서적을 읽으면서 지냈다. 그리고 도킹의 집에서 아버지와의 토론을 계기로 『인구론』 초판을 출간한 것이 32세였던 1798년의 일이었다.

　『인구론』의 요지는 간단하다. 즉 인류는 자연 그대로 내버려 두면 성욕 본능에 의해 기하급수적으로 증가하지만, 이들을 먹여 살릴 식량은 경작지가 한정되어 있으므로 수확 체감의 법칙 때문에 산술급수적으로 밖에 증가하지 않는다. 그러므로 문명사회에서 인구와 식량의 균형을 도모하는 가장 좋은 방법은 출생률을 감소시키는 도덕적 억제, 즉 경제적 능력을 얻을 때까지 결혼하지 않는 것 이외에는 없다는 것이다.

『인구론』이 발표될 무렵의 유럽은 프랑스 혁명과 그에 뒤이은 혼란의 시기였다. 1793년 프랑스의 루이 16세는 단두대의 이슬로 사라졌고, 영국은 산업 혁명을 겪고 있었으며, 자본주의 경제의 진전에 의해 파멸의 늪에 빠진 농민과 수공업자 들이 온 나라에 넘칠 때였다. 영국의 평론가 고드윈은 맬서스의 책을 '인류의 희망을 파괴하려는 암흑의 무서운 악마'라고 표현했고, 마르크스 학파에서는 '인구가 적은 미개발지를 삼키려는 제국주의자의 야망'이라고 질타하였다.

『인구론』으로 일약 유명 인사가 된 맬서스는 1805년에 동인도 회사 대학교의 경제학 교수가 되었다. 식민지에서 얻은 이익을 영국으로 가져오는 역할을 도맡은 동인도 회사의 대학교 교수직은 맬서스에게 잘 어울렸다. 그는 경제학자로서 정교하고 체계적인 경제 이론을 창안하지는 못했지만 불평등한 경제 체제와 부자들의 기득권을 옹호하는 이념을 제공하는 일에는 빼어난 재능을 발휘했기 때문이었다.

맬서스는 후일 스펜서(1820~1903)가 사회 진화론, 즉 자연 세계에서와 마찬가지로 인간 사회에서도 생존 경쟁을 통해 우수한 사람들이 선택됨으로써 문명의 발전이 촉진된다는 이론을 개발하는 데 아이디어를 제공하였다. 또한 다윈(1809~1882)의『종의 기원』에도 큰 영향을 미쳤다.

맬서스는『인구론』이외에도 리카도와 지금地金 논쟁 및 곡물법 논쟁

을 비롯하여, 1820년에는 『경제학 원리』를 간행하여 경제 이론 발전에
크게 공헌하였다. 또한 자본 축적은 부를 지속적으로 증대시키는 원천
이 되지만, 이를 지나치게 추진하면 생산 확대에 따른 소비 증가가 이
루어지지 않아 유효 수요 부족으로 일반적 과잉 공급 현상이 발생한다
고 보았다. 이것은 '공급이 수요를 만든다'는 세이(1767~1832)의 주장
과는 다른 것이었다.

한편 공공사업은 공급 증대 없이 수요만 창출시키는 존재로 보았으
며, 이러한 맬서스의 유효 수요 이론은 1929년 이후 대공황에서 벗어
날 수 있는 이론으로 재평가되어 정책적으로 채택되었다. 그리고 케인
스에 의하여 적극적으로 받아들여지게 되었다.

1869년 2월 14일

영국 물리학자 찰스 윌슨 출생

영국의 물리학자 찰스 윌슨(Wilson, C. T. R.; 1869~1959)은 1869년 2
월 14일 출생하였다. 그는 인공적으로 안개를 발생하는 연구로 이온의
존재를 확신하였으며 '윌슨 안개상자'를 발명하여 유명해졌다. 이후 안
개상자는 많은 연구자에 의하여 원자 물리학 연구에 크게 이용되었고,
윌슨은 그 공적을 인정받아 1927년 노벨 물리학상을 수상하였다.

물질은 계속 나누다 보면 '분자→원자→원자핵→ ……'이라는 계열
을 지나 소립자에 이른다. 이런 의미에서 소립자는 현재 가장 기본적인
단위이자 입자이다. 그러나 소립자의 움직임을 눈으로 관찰할 수는 없
다. 따라서 소립자 운동 관찰을 위한 여러 도구가 개발되었으며, 1912

년 윌슨이 만든 '안개상자'는 그 시초였다.

윌슨은 과포화 상태의 증기를 채운 상자 속으로 전하를 띤 고에너지 입자를 통과시켜, 그 길을 따라 액체 방울이 생기게 하는 '안개상자'를 만들었다. 입자는 눈으로 직접 볼 수 없지만 안개상자를 이용하면 입자가 지나간 길은 확인할 수 있게 된다.

대강의 원리는 이렇다. 산에서 밥을 지을 때는 압력을 맞추기 위해 냄비에 돌을 얹는다. 압력이 낮아지면 끓는점이 내려가 설익은 밥이 되기 때문이다. 반대로 액체를 일정 압력 이상으로 압축하면 대기압에서 하는 것보다 끓는점이 높아진다. 이 상태에서 액체를 정상 끓는점 이상으로 가열한 다음 갑자기 압력을 낮추면 액체는 끓는점보다 높은 온도에 있으면서도 실제로는 끓지 않는 과열 상태가 된다. 이 속을 입자가 통과하면 입자가 지나간 길을 따라 액체가 끓으면서 기포가 발생하게 된다. 이 기포를 카메라로 찍어 기록하면 그것이 곧 입자의 궤적인 것이다.

그러나 안개상자 속에는 공기나 질소 등의 기체가 들어 있으므로 밀도가 낮아 에너지가 큰 입자는 거의 아무런 반응을 일으키지 않은 채 통과해 버리는 단점이 있었다. 이런 단점을 보완한 것이 '거품상자'이다. 거품상자는 대개 액체 수소나 액체 중수소로 채우는데, 이는 증기로 채우는 안개상자에 비해 밀도가 높기 때문에 어떤 입자라도 움직임을 자세히 관측할 수 있다는 장점을 지녔기 때문이다.

—

1878년 2월 14일

일본 A급 전범 히로타 고키 출생

—

히로타 고키(廣田弘毅; 1878~1948)는 1878년 2월 14일 일본의 후쿠오카 현에서 태어났다. 그는 1930년에서 1932년까지 러시아 대사로 있었으며, 1936년에는 일본 총리가 되었다. 그는 총리로 재임하는 동안 군부의 지시를 충실히 따라 군사비 지출을 늘렸으며 중국 침략을 더욱 강하게 밀고 나갔다. 그러나 1937년 그는 군부의 압력으로 사임하였고, 제2차 세계 대전 종전 후에는 A급 전범으로 기소되어 난징 대학살의 주범으로 교수형에 처해졌다.

—

2003년 2월 14일

세계 최초의 복제 양 돌리 안락사

—

세계 최초의 복제 양으로서 세상을 깜짝 놀라게 했던 돌리가 2003년 2월 14일 폐질환으로 안락사되었다. 돌리는 1996년 7월 스코틀랜드의 로슬린 연구소에서 태어나 2007년 2월에 세상에 발표되었다. 성체 암양의 체세포를 복제한 세계 최초의 클론 동물이었으며, 사망 후에는 에든버러의 왕립 박물관에 박제 · 전시되었다.

* **1997년 2월 27일 '체세포 복제 양 돌리 탄생' 참조.**

2월의
모든 역사

2월 15일

■
·
·
■

1564년 2월 15일

이탈리아 과학자 갈릴레오 갈릴레이 출생

"태양이 세계의 중심이며 정지한 상태라는 주장은 논리에 맞지 않을 뿐만 아니라 성서에 반대되는 것으로 이단이다. 지구가 세계의 중심이 아니고 운동하며 스스로 돈다는 것은 철학적으로도 허구이며, 적어도 신학적으로 잘못이다."

로마 교회의 종교 재판소는 갈릴레이의 주장에 대해 이같이 판결하였다.

종교 재판소의 판결로 갈릴레이는 철회 맹세를 강요받았다.

"나는 내게 부과하였거나 부과하게 될 참회를 정확히 따르겠다고 맹세합니다. 내가 자신의 약속이나 맹세의 어떤 것이라도 위반할 경우에는 교회법과 규정에 따라 어떤 형벌과 징계를 달게 받겠습니다. 1633년 6월 22일 로마의 미네르바 수도원에서 갈릴레이가 친필로 서명하는 바입니다."

이보다 33년 전, 조르다노 브루노Giordano Bruno는 종교 재판소에서 다음과 같이 말하며 사형 판결을 받고 불타 죽었다.

"당신들은 이 판결을 받아들이는 나보다 더 큰 두려움을 가지고 나에게 판결을 내리고 있을 것이다."

69세나 된 갈릴레이는 아마도 브루노처럼 화형당하고 싶지는 않았을 것이다.

갈릴레오 갈릴레이(Galilei, G.; 1564~1642)는 1564년 2월 15일 이탈리아의 피사에서 태어났다. 1581년 피사 대학교에 입학하였고, 성당에 걸려 있는 램프가 흔들리는 것을 우연히 보고 진자의 등시성을 발견하여 맥박계에 응용하였다. 또한 일찍부터 코페르니쿠스의 지동설을 지지해 로마 교회에게 이단으로 간주되기도 하였다.

1608년 무렵 네덜란드의 안경 기술자가 노안용 볼록 렌즈와 근시용 오목 렌즈로 교회 탑을 바라보다가 탑이 확대되어 보이는 모습을 관찰하였다. 우연히 발명된 망원경은 유럽 전체에 소문이 퍼졌고, 갈릴레이도 망원경을 만들어 보았다. 처음에는 실물 크기 3배 이상의 망원경을, 그다음에는 30배 이상의 망원경을 만들었다. 이것으로 달을 쳐다보자 달의 표면이 울퉁불퉁한 것을 알게 되었으며, 목성의 위성과 태양의 흑점도 발견하게 되었다.

이 결과 갈릴레이는 4개의 목성 위성이 그 주변을 도는 것은 지구와 같은 별들이 태양의 주위를 도는 것과 똑같은 현상이라는 결론을 내렸다. 또 태양 표면의 흑점이 이곳저곳으로 위치를 바꾸어 나타나는 것은 태양이 스스로 도는 증거로 이해하였다. 이러한 새로운 현상들을 이해할 수 있는 유일한 길은 코페르니쿠스의 지동설밖에 없었다.

갈릴레이는 자기의 생각을 제자들과 영주의 어머니에게 편지로 설명하였다. 그러나 이 때문에 재판이 열렸고, 지동설에 대해 발설 금지 경고를 받았다. 그 후 1632년에 『프톨레마이오스와 코페르니쿠스의 2대 세계 체계에 관한 대화』라는 글을 발표하였다. 로마 교회의 검열을 받고 쓴 것이지만, 1633년 1월에 로마의 종교 재판소로 또다시 출석하게 되었다. 같은 해 6월 판결이 내려졌고, 갈릴레이는 판결을 받아들여 앞으로는 절대로 이단 행위를 않겠다고 서약하였다.

그 뒤 갈릴레이는 피렌체의 옛집으로 돌아와서 사랑하는 장녀와 함께 마지막 대작인『두 개의 새로운 과학에 관한 수학적 논증과 증명』(1638)을 저술했다. 그러나 그는 너무 오랫동안 무리하게 망원경을 관측하여 시력을 잃고 말았으며, 1642년『진공의 연구』로 유명한 제자 토리첼리가 지켜보는 가운데 세상을 떠났다. 갈릴레이가 죽은 후 교황청에서는 공식적으로 장례를 지내는 것도, 묘비를 세우는 것도 금지하였다.

그러나 1992년 로마 교황청은 10여 년 동안 특별 재심 과학 위원회에서 논의한 결과, 1633년 6월 22일의 종교 재판에 대해 잘못을 인정하고 공식적으로 갈릴레이의 복권을 선언하였다.

갈릴레이가 피사의 사탑에 올라가 한 개의 공과 그보다 10배가 무거운 공을 떨어뜨렸다는 유명한 전설이 있다. 하지만 이것은 단순한 이야기에 불과하다. 네덜란드의 스테빈이 갈릴레이가 낙하 실험을 한 것보다 몇 년 먼저 비슷한 실험을 했다고 알려져 있다.

그러나 갈릴레이는 완만한 경사면에 놋쇠 공을 굴리는 실험으로 거리는 시간의 제곱에 비례한다는 결과를 얻었고, 경사면을 굴러가는 물체의 속도가 일정한 비율로 증가한다는 등가속도 운동을 발견하였다. 이러한 갈릴레이의 경사면 실험은 근대 동력학의 출발점이 되는 중요한 실험이 되었다.

1946년 2월 15일

세계 최초의 전자계산기 에니악 등장

1946년 2월 15일, 미국 필라델피아의 펜실베이니아 대학교 특설 실험실에는 국방부 관계자와 보도진 등 200여 명이 모여 있었다. 운영 요원 한 사람이 전원 스위치를 올리자 에니악ENIAC 내부의 1만 7,800개가 넘는 진공관이 일제히 깜빡이며 연산 작업을 수행하기 시작했다. 에니악이 '9만 7,367의 5,000승'을 순식간에 계산하자 참석자들 사이에서 탄성이 터져 나왔다. 20세기의 가장 중요한 발명인 컴퓨터 시대의 개막을 알리는 역사적 순간이었다. 당시의 『타임Time』지는 "100명의 전문가가 일 년 걸려 풀 문제를 2시간에 풀었다."라며 현장의 흥분을 전했다.

오늘날의 컴퓨터는 계산기와 별개로 나뉜다. 컴퓨터는 연속적인 작동으로 결과를 이끌어 내는 프로그램을 저장할 수 있어야 하며, 자료를 처리 · 저장 · 재생할 수 있어야 한다. 그러나 계산기는 복잡하거나 오래 걸리는 계산을 보다 쉽고 간편히 하려는 인류 역사의 결과이다. 그렇다면 인류 최초의 계산기는 무엇이었을까?

아마도 그것은 손이었을 것이다. 손을 사용하는 첫 번째 방법은 물건과 손가락을 서로 대응하는 것이었다. 그러나 이 계산법은 10을 넘어가면 계산이 어려워진다는 단점이 있어 지역마다 다른 방법으로 해결 방안을 찾게 되었다. 인도와 중국 남부에서는 손가락 마디를 이용하여 28까지 헤아렸다. 뉴기니의 한 종족은 손발뿐만 아니라 눈, 코, 귀, 엉덩이를 이용하여 41까지 계산한다.

B.C. 1800년 무렵으로 추정되는 바빌로니아의 점토판에는 복리 계산

법으로 이자를 계산했던 기록이 설형 문자로 남아 있다. 고대 이집트에서는 파피루스가 개발되어 계산과 내용을 기록할 수 있었다.

약 2,000여 년 전 중동과 중국에서는 주판이 발명되었다. 주판은 오늘날의 컴퓨터와는 전혀 다르지만 컴퓨터도 처음에는 계산하기 위한 도구로 시작했다는 관점에서 볼 때, 주판이 컴퓨터의 역사에 한자리를 차지해도 무리는 아닐 것이다. 오늘날 우리가 볼 수 있는 주판은 제2차 세계 대전 이후 일본에서 개량된 것이고, 원래 중국식 주판은 가로 막대를 기준으로 위에는 2개, 아래에는 5개의 주판알이 있었다.

동양에서는 손가락 이용 방법 등을 향상시켜 계산 속도를 높이려 했지만 서양에서는 계산기 자체의 개량에 더 많은 관심을 보였다. 1642년 19세였던 파스칼은 당시 세무국장이었던 아버지를 위하여 '파스칼린'이라는 계산 기구를 만들었다. 이것은 0에서부터 9까지 표시할 수 있는 10개의 톱니를 가진 톱니바퀴에 의해 덧셈과 뺄셈을 하도록 만들어진 것이었다. 파스칼린은 상업적으로 성공하지는 못하였으나 세계 최초의 자동 계산기로 기록되었다.

파스칼린을 보완한 사람은 독일의 라이프니츠였다. 라이프니츠는 파스칼이 죽은 후, 그의 연구를 바탕으로 스텝 실린더를 이용해 덧셈과 곱셈이 가능한 계산기를 고안했지만 기술 발전이 뒤따르지 못해 실패하였다.

현대적인 계산기의 시초는 1833년 영국의 수학자 배비지가 고안한 해석기라고 할 수 있다. 1786년 독일의 밀러가 미분기를 발명하였고, 배비지는 이것을 바탕으로 해석기를 고안하였다. 이 기계는 숫자를 20자리까지 정확하게 표현할 수 있도록 고안되었으나 당시의 기술로는 만들 수가 없었다. 배비지의 해석기는 제어 부분, 산술 연산 부분, 기억

장치, 입출력 장치 등이 포함되어 있어 오늘날의 컴퓨터 본체가 되었다고 해도 과언이 아니다. 1884년 버러프는 상업적으로 성공한 최초의 기계인 가산기를 만들었다. 이것은 크랭크를 이용한 것으로 파스칼 이후 고안된 기계적 연산이 실현된 것이었다.

한편 미국 의회는 10년마다 인구 조사(센서스)를 실시하기로 의결하고, 1880년에 인구 조사를 실시하였다. 그러나 손으로 계산하였기 때문에 결과가 나오기까지는 7년 반이나 걸렸고, 미국 정부는 많은 상금을 걸고 해결책을 공모하였다. 이 문제를 해결한 사람은 바로 미주리 주의 홀러리스였다. 그는 천공 카드 방식을 계산기에 응용했다. 이 기계를 사용하자 단 5시간 반 만에 센서스 결과를 받아 보게 되었다. 한편 홀러리스는 1894년에 회사를 세워 훗날 IBM으로 발전하는 기반을 마련하였다.

1925년 무렵 매서추세스 공과 대학교의 부시는 전력 모터를 사용한 아날로그형 전자계산기를 제작하였다. 그리고 1946년, 마침내 최초의 전자계산기라고 할 수 있는 에니악이 펜실베이니아 대학교에서 만들어졌다.

에니악은 진공관 속의 전자 흐름을 이용한 최초의 전자계산기로 미군 탄도 연구소의 의뢰로 만들어졌다. 2차 세계 대전 중에 사용하려고 구상되었던 에니악은 개발 기간 중에 전쟁이 끝나 버려 전쟁 무기로 사용되지는 못했다. 무게가 30t이나 나가는 이 기계는 펜실베이니아 주의 무어 학교 전기 공학과에서 가동된 이후 9년 동안 사용되었으며, 1955년 다른 종류의 다양한 컴퓨터가 개발됨에 따라 사라지게 되었다.

2007년 2월 15일

미 의회 첫 위안부 청문회 개최

우리는 지금 돈을 원하는 게 아니며, 그들이 저지른 인권 유린과 전쟁
범죄 행위에 대해 치러야 할 대가가 있다는 점을 인식하게 하려는 것
이다.

-김군자

우리에겐 전쟁이 끝나지 않았다.

일본 정부가 공식 사과할 때까지 전쟁은 아직도 진행형이다.

-얀 러프 오헤른

제2차 세계 대전 당시 일본에 의해 강제로 종군 위안부가 되었던 할
머니들의 청문회가 2007년 2월 15일 미국 하원에서 최초로 개최되었
다. 미국 하원 아시아 · 태평양 · 환경소위원회에서 개최된 이 청문회에
서는 한국인 김군자 할머니와 이용수 할머니 그리고 네덜란드의 얀 러
프 오헤른 등 강제 동원 위안부 할머니 세 명과, 강제 종군 위안부 결
의안을 제출한 마이클 혼다 의원, 아시아 정책 포인트의 민디 코틀러
소장, 워싱턴 종군 위안부 대책 협의회의 서옥자 회장이 나와 증언하
였다. 이들은 종군 위안부로 끌려간 과정에서부터 일본군에 의한 육체
적 · 정신적 폭력 등을 낱낱이 고발하였으며, 일본 정부의 공식적인 사
과를 요구하였다.

2006년 4월, 제2차 대전 당시 일본이 저지른 위안부 결의안이 미국

하원에 제출되어 5개월 후 미국 하원 국제 관계 위원회에 만장일치로 통과하였으나, 같은 해 12월 미 하원의 109대 회기 종료 시 본회의에 상정되지 못한 채 폐기되었다. 이는 일본의 강력한 로비에 의한 것으로 당시 일본 총리였던 아베 신조는 일본에 의해 강제 동원되었던 위안부 자체를 부정하였다가 이후 "이미 다 끝난 문제를 다른 나라들이 들쑤시고 있는 것."이라고 주장하여 이와 관련한 일본 측의 입장을 확고히 보여 주었다.

2007년 2월의 미국 의회 위안부 청문회의 가장 큰 의의는 2차 대전 종결 후 흐지부지 무마되었던 종군 위안부 실태를 고발하여 수면 위로 올린 것으로서, 일본군 종군 위안부 강제 징집에 따른 결의안은 일본 정부에 다음과 같은 세 가지 사항을 권고하였다.

· 위안부 존재의 공식 인정과 사죄
· 일본 총리의 공식 사과
· 국제 사회의 권고에 따라 독일과 같이 현재와 미래 세대에게 관련 교
  육을 시킬 것

이날 청문회에는 인권 단체 회원 및 한국 · 미국 · 일본 등의 기자단 400여 명이 참여해 취재하였다.

1748년 2월 15일

영국 철학자 제러미 벤담 출생

최대 다수의 최대 행복.

공리주의 철학자 벤담(Bentham, J.; 1748~1832)이 남긴 유명한 말이다.

벤담은 1748년 2월 15일 영국 런던에서 태어났다. 벤담에 따르면 인생의 주요한 목적은 쾌락에 있으며, 쾌락은 계산으로 그 정도를 확인할 수 있다. 또 그는 쾌락과 고통을 양으로 나타내어 계산하되 주관적 평가를 피하고 객관적 표준에 따라 계산하여 도덕의 내용에 보편타당성을 주려고 하였다. 벤담은 쾌락의 본질은 자율과 책임 위에서만 존재한다고 여기고, 또한 사회적 공익이 개인의 쾌락보다 앞선다고 하였다.

주요 저서로는 『정부 소론』 『도덕과 입법의 원리 서설』 등이 있다.

2011년 2월 15일

리비아, 반정부 시위 시작

2011년 1월 튀니지의 청년 모하메드 부아지지가 분신자살로 세상을 떠난 후, 튀니지의 재스민 혁명은 '아랍의 봄'이라 불리는 혁명의 물결을 불러왔다. 중동 및 북아프리카의 독재 국가들에서는 재스민 혁명의 뒤를 잇는 반정부 시위가 끊임없이 발생하였으며, 이것은 리비아 역시 마찬가지였다.

리비아는 1969년 카다피를 위시한 군부가 쿠데타를 일으킨 이후 줄 곧 카다피 일인에 의한 독재 체제 상태였다. 그러나 2011년의 아랍의 봄과 함께 리비아에도 카다피 독재에 반발하는 반정부 시위가 2월 15일을 기점으로 발생하기 시작하였다. 시민군은 벵가지를 비롯한 리비아의 도시들을 해방시켰다. 이에 대해 카다피 정권은 군부대를 내보내 공격하여 국제적인 비난을 받았다.

결국 국제 사회는 리비아로 나토NATO군을 파병해 시민군에 대한 지원을 나섰고, 같은 해 10월 20일 카다피가 사망함으로써 리비아에는 해방이 공식 선포되었다.

* 2011년 10월 20일 '리비아, 독재자 카다피 사망' 참조.

2월의
모든 역사

2월 16일

■
■
■

1848년 2월 16일

네덜란드 식물학자 드 브리스 출생

네덜란드의 식물학자 드 브리스(de Vries, H.; 1848~1935)는 1848년 2월 16일 출생하여 레이덴 대학을 졸업하였다. 암스테르담 대학 교수를 역임한 그는 저서 『돌연변이설』에서 다윈이 말한 '진화의 구조' 가운데 자연 선택의 최초 조건인 '변이'를 둘로 나누었다. 생물 1대에서 끝나는 변이인 '방황 변이'와 생식 세포에서 일어나는 유전적인 변이인 '돌연변이'였다. 이로부터 진화의 요인이 돌연변이에 있다는 '돌연변이설'이 나왔다.

드 브리스는 1886년 달맞이꽃의 야생 변종이 재배종과 상당히 다른 점을 주목하고, 관찰과 추론이 아닌 실험에 의해 진화를 연구할 수 있음을 제안하였다. 그는 달맞이꽃을 재배하면서 새로운 변종이 무작위로 생기는 것을 발견했으며, 자연 선택에 의한 다윈의 종의 변이와 달리 갑자기 일어나는 현상에 '돌연변이'라는 이름을 붙였다.

그는 돌연변이의 속성에 관한 연구를 『돌연변이설』에 요약했고, 1892년 식물의 육종에 대한 연구 프로그램을 개발하기 시작하여 8년 후 멘델과 같은 유전 법칙을 만들어 냈다. 그러나 문헌 조사를 하던 중 멘델이 1866년 완두의 육종에 대해 발표했던 논문을 발견하고는, 자신의 후속 논문에 최초의 유전 법칙 발견자는 멘델이라고 밝혔다.

그는 삼투 현상에 관한 연구로도 유명해 1877년에는 삼투압과 식물의 세포 내 물질 분자량의 관계를 발표했다. 그의 '돌연변이설'은 1910년 모건의 초파리 연구로 이어졌다. 모건은 초파리 눈의 색과 모양, 날

개 모양, 몸의 빛깔 등에서 여러 종의 돌연변이를 발견하여 유전학 발전에 크게 기여하였다.

—

1935년 2월 16일

미국 화학회사 듀폰 나일론 발명

—

지난 20세기는 화학 섬유의 시대였다. 대량 생산이 가능한 화학 섬유의 개발은 패션의 대중화를 실현시켰으며, 이 계기를 만든 것은 바로 1935년 2월 16일 발명한 인류 최초의 화학 섬유 나일론이었다.

1935년 미국 듀폰 사의 캐러더스에 의해 발명된 나일론은 1938년에 칫솔로써 처음 상품화되었다. 그리고 1940년 5월 15일, 여성용 나일론 스타킹이 미국 전역에서 일제히 판매되자 뉴욕의 메이시 백화점에서 스타킹을 사려고 몰려든 인파 때문에 14명이나 부상을 당하는 소란이 일어났다.

당시 듀폰 사의 광고 문구에서는 나일론을 이렇게 묘사했다.

'나비의 실보다 얇고 아름다우며 강철보다 강하다.'

나일론은 석회, 물, 공기로 만든 세계 최초의 화학 섬유로 '합성 고분자 폴리아마이드'의 총칭이다. 제2차 세계 대전 중인 1942년에는 나일론 스타킹의 생산이 반으로 줄어들고 낙하산용으로 사용되기도 하였다.

1906년 2월 16일

영국 노동당 창당

1900년 독립 노동당, 페이비언 협회, 사회 민주 연맹, 노동조합 등이 결성한 영국의 노동 대표 위원회LRC는 1906년의 총선거에서 29의석을 획득하였다. 이후 1906년 2월 16일 '노동당'으로 이름을 바꾸었다. 이는 노동자의 독자적 의회 정당이 본격적으로 출범했음을 상징적으로 선언한 것이었다. 노동당은 현재 보수당과 더불어 영국 2대 정당의 하나이다.

1822년 2월 16일

영국 유전학자 프랜시스 골턴 출생

1822년 2월 16일 영국 버밍엄에서 태어난 프랜시스 골턴(Galton, Sir F.; 1822~1911)은 우생학의 기초를 확립한 과학자이다. 찰스 다윈의 사촌으로 처음엔 기하학에 관심을 기울였으나 유전학으로 관심이 옮겨갔다.

그는 저서 『유전적 천재』(1869)에서 재능은 선천적인 것이라고 주장하였으며, 오늘날까지 사용되고 있는 지문指紋의 분류를 확립하였다. 1933년에 발표한 『인간의 재능에 대한 연구』 등이 유명하다.

2월의
모든 역사

2월 17일

.
.
.

1956년 2월 17일

인도네시아, 독립 국가로 서다

인도네시아의 인구는 약 2억 4,000만 명가량이며, 그중 약 90% 정도
가 이슬람교도인 세계 최대의 이슬람 국가이다. 그러나 인도네시아는
통일 국가를 이루지 못한 채 네덜란드에게 점령당했었고, 20세기에 와
서야 독립된 국가를 이룰 수 있었다.

해상 실크 로드는 중국에서 베트남 해안을 거쳐 인도네시아 군도와
말라카 해협을 지나 아라비아와 유럽으로 연결되었다. 이에 따라 인도
네시아에는 일찍부터 힌두교와 불교문화가 전래되었고 해상 교역이 활
발히 이루어졌다. 대표적인 불교 유적으로는 보로부두르가, 힌두교 유
적으로는 프람바난 사원 등이 있다. 그러나 아랍 상인들이 향료 무역에
적극적으로 참여하면서 인도네시아에는 서서히 이슬람교가 전파되기
시작하였다.

인도네시아는 18세기 중엽에 이르기까지 여러 왕국이 존재하였으나
국경의 개념이 확립되지 않았다. 이것은 인도네시아가 대륙의 이슬람
국가들과 달리 섬으로 이루어졌기 때문이었다. 15세기에는 자바로 진
출한 이슬람 세력이 발리 섬을 제외한 말레이 제도를 장악하기도 했으
나 군도 전체를 통치하는 중앙 집권화된 고대 국가는 세워지지 않았다.
결국 인도네시아는 15세기 초반부터 침입해 온 유럽의 여러 나라에게
식민 통치를 당하게 되었다.

처음에는 포르투갈이 암본을 차지하였고 이어 스페인도 진출하였다.
그러나 이 두 나라는 식민지 정책에 서툴렀기 때문에 네덜란드가 이들

의 동인도 지역 해상권을 빼앗아 버렸다. 나폴레옹 전쟁 당시 한때 영국군에게 점령되기도 하였으나, 1814년과 1824년에 체결된 런던 조약에 따라 네덜란드는 아시아 대륙의 옛 식민지를 포기하는 대신 영국으로부터 인도네시아 지배권을 승인받게 되었다. 이로써 자바 섬의 토착 왕국은 점차 네덜란드의 무력에 굴복하게 되었다. 350년이 넘는 네덜란드의 지배는 인도네시아 민족 해방을 지도할 만한 민족 자본가의 성장 가능성을 말살시켜 버렸다.

일본의 2차 대전 항복 직후인 1945년 8월 17일, 인도네시아에서는 민족 해방 운동 지도자 수카르노와 하타를 중심으로 한 공화국 독립 선언이 있었다. 그리고 1950년 헌법에 의하여 단일 독립 국가로 통일되었고, 이어서 1956년 2월 17일 네덜란드-인도네시아 연합을 폐기함으로써 완전한 독립국이 되었다.

—

1979년 2월 17일

중국, 베트남 전면 침공

—

1972년 중국이 정부 차원에서 닉슨 미국 대통령의 방중을 환영하자, 미국과 전쟁 중이었던 같은 공산국가 베트남은 심한 모멸감을 느끼고 중국을 비난했다. 그러자 중국 역시 베트남이 화교를 몰아내고 캄보디아를 침공한 것은 소련의 지시에 따른 것이라며 맹렬히 비난하였다.

양국의 첨예한 대립이 날선 가운데 1979년 2월 17일 새벽, 10만의 중국 군대가 베트남의 국경선을 넘었다. 중국은 항공기와 탱크를 동원하여 50km를 진격하였고, "남의 땅은 한 치도 원하지 않으므로 베트남에 교훈과 응징을 한 후에 철수하겠다."는 성명을 발표했다. 베트남 역시 중국이 선전 포고 없이 침공하였다고 주장하며 총반격에 나설 것을 발표했다.

전쟁이 발발하자 소련은 타스 통신을 통해 성명을 내고 베트남과의 우호 협력 조약에 따른 의무를 다할 것이라고 의사 표명하였으며, 만약 미국이 이 전쟁에 개입할 경우 세계 대전이 일어날 것이라는 경고도 추가하였다. 이에 대해 미국의 카터 대통령은 미국의 이익을 지키기 위해 만반의 군사 태세를 갖추었다고 발표했다.

중국군은 상당한 고전을 겪었으나 국경 부근의 베트남 군사 시설을 파괴하고 지방 도시를 제압한 다음, 3월 5일 자위 반격의 목적을 달성하였다는 명분으로 철수를 개시하여 이튿날 완료하였다.

같은 해 4월 18일부터 중국과 베트남은 교섭을 시작하였으나, 베트남군의 캄보디아 철수를 주장하는 중국과 이것을 거부하는 베트남의 입장은 평행선을 달렸으며, 교섭의 주목적인 국경선 확정은 난항을 거듭하였다.

결국 양국은 1988년 1월 국경 전쟁 종식에 합의하였지만 상호 영유권을 주장하는 남사군도에서 다시 무력 충돌이 발생하게 되었다. 양국 분쟁은 1989년 9월 베트남의 캄보디아 철군으로 종식되었다.

1856년 2월 17일

독일 낭만파 시인 하이네 사망

노래의 날개 위에

그대를 실어

저 멀리 갠지스의 평원으로 데려가리라.

그곳은 내가 아는 가장 아름다운 곳

그곳엔 붉은 꽃 피는 정원이 있어

고요한 달빛이 비치고

마치 자매를 기다리는 듯이

많은 연꽃이 그대를 기다린다.

멘델스존의 가곡 「노래의 날개 위에」는 하인리히 하이네(Heine, H.; 1797~1856)의 시에 붙인 작품이다.

낭만파 시인이었던 하이네는 독일 뒤셀도르프에서 태어났다. 1821년 처녀 시집 『시집』을 발표하였고, 이후 비극 『라트크리프』 『아르만졸』과 시집 『서정삽곡』 등을 내놓았다.

그의 서정시는 소박한 민요풍의 리듬과 풍부한 음감의 언어가 조화되어 형상을 명확하게 조명하였으며, 독일 가곡에 많이 사용되었다.

1830년 파리에서 7월 혁명이 일어나 부르주아 계급이 권력을 쟁취하자, 하이네는 봉건 체제만 유지하는 독일을 비판하고 파리로 망명하였다. 그는 『프랑스의 상태』 『독일의 종교와 철학의 역사』 『낭만파』 등을 써서 프랑스의 실태를 독일에 알리는 한편 독일의 진실과 아름다움을 프랑스인에게 소개하여 독일과 프랑스 문화의 교량적 역할을 담당하였다.

그러나 체제 유지를 위한 반동 정책에 계속적인 비판을 가하자 독일은 그를 '청년 독일파'의 대표적 작가로 지목하였고 저서의 발행을 금지하였다. '청년 독일파'는 당시 독일의 혁명적인 젊은 시인들을 중심으로 전개된 문학 운동을 말한다.

만년에는 건강이 악화되어 8개월 동안 병상에 있으면서 세상에 대한 비관과 신에 대한 귀의를 소망하기에 이르렀다. 이때 발표한 『로만체로』 『고백』 등에는 고통을 해학적으로 감싸고 새로운 경지를 개척하려는 시인의 의지가 담겨 있다.

19세기 최대의 혁명적 민중 시인 가운데 한 명으로 평가되는 하이네는 세상을 비관하고 신에게 돌아가기를 소망하며 1856년 2월 17일 파리에서 사망하였다.

2008년 2월 17일

코소보, 독립 선언

세르비아 공화국의 자치주였던 코소보는 2008년 2월 17일 오후 4시 무렵 더 이상 세르비아의 자치주가 아니라 독립적인 주권 국가임을 선언하였다.

세르비아는 구 유고슬라비아 사회주의 연방 공화국 중 하나로, 1990년대에 유고슬라비아가 분리되자 몬테네그로와 함께 신 유고슬라비아

연방 공화국을 이루었다. 그러나 2006년 몬테네그로가 분리 · 독립하여 몬테네그로 공화국을 세우자 코소보 역시 독립을 선언했던 것이다. 코소보의 독립 선언으로 구 유고슬라비아 연방 공화국은 각각 슬로베니아 · 크로아티아 · 마케도니아 · 보스니아 · 몬테네그로 · 세르비아 · 코소보의 7개 독립국으로 나뉘었다.

이에 세르비아는 독립 선언을 용납할 수 없다는 강경한 입장을 발표하고 국제 사법 재판소에 이의를 제기하였다. 그러나 국제 재판소는 코소보의 독립 선언이 국제법 위반이 아님을 선언하며 사실상 독립 판정을 내렸다.

——

1637년 2월 17일

프랑스 극작가 몰리에르 사망

——

프랑스의 극작가이자 배우였던 몰리에르(Molire; 1622~1673)는 프랑스 파리에서 태어났다. 1644년에 처녀 공연을 하였으며, 1653년 무렵부터 본거지를 리옹에 두고 극작가로서의 활동을 시작하였다. 1664년에는 베르사유 궁전에서 위선자를 풍자한 『타르튀프』를 상연하여 기독교인들의 노여움을 사 공연 중지를 당하기도 하였다. 대표작으로 『인간 혐오자』 『수전노』 『여학자들』 등이 있다.

그의 죽음 역시 작품만큼이나 극적이었다. 그는 마지막 걸작인 『상상으로 아픈 사나이』의 공연이 끝난 1637년 2월 17일 갑자기 쓰러졌다. 동료들은 쓰러진 그를 자택으로 옮겼고, 그는 죽기 전에 이렇게 중얼거렸다고 전해진다.

"추워서 못 견디겠다. 빨리 아내 아르망드를 불러다오."

2월의
모든 역사

2월 18일

.
.
.

1564년 2월 18일

이탈리아 예술가 미켈란젤로 사망

사람들은 유명한 화가들에 대해 온갖 거짓말을 퍼뜨리곤 합니다. 화가들은 유별나고 비사교적이며 쌀쌀맞다는 것이지요. 그러나 제대로 된 화가들이 비사교적인 것은 자만심 때문만은 아닙니다. 다만 그들은 그림의 가치를 알고 공감하는 사람을 아주 드물게 만나기 때문입니다.

-미켈란젤로

이탈리아 르네상스의 천재 예술가 미켈란젤로(Michelangelo, di L. B. S.; 1475~1564)는 당시 사람들에게 무정하고 무례하며 건방진 몽상가라는 평을 받았다. 그러나 정작 그 자신은 이러한 평가를 받아들이지 않았다. 미켈란젤로가 동생에게 보낸 편지에는 그가 이 때문에 얼마나 고독했는지를 여실히 느낄 수 있다.

나는 어쩔 수 없이 남들보다 더 나 자신을 사랑할 수밖에 없다.

미켈란젤로는 그저 타고난 천재가 아니라 스스로를 채찍질하며 예술혼을 갈고닦았던 위대한 예술가였다. 이것은 그의 제자 콘디비가 스승 미켈란젤로의 전기에 표현한 모습으로도 알 수 있다.

스승은 훌륭한 체형을 가지고 있다. 살이 많고 뚱뚱하다기보다는 근육질이고 뼈대가 굵다. 이것은 체질 때문이기도 하지만 성적 교제나 음식을 절제한 덕이기도 하다.

그는 결혼을 하지 않았다. 고독했을 테지만 그만큼 예술에 정력을 쏟아 부을 수 있었다.

미켈란젤로는 1475년 이탈리아에서 태어났다. 10살 때 피렌체 시내의 프란체스코 우르비노 학교에 들어갔지만 학교 공부보다 조토나 마사초의 그림을 모방해 스케치하는 것을 좋아했다. 그의 아버지는 집안에서 예술가가 나오는 것을 가문의 수치라 여겨 이를 못마땅하게 여겼다. 그러나 미켈란젤로는 아버지의 반대를 무릅쓰고 13살 때부터 3년 동안 피렌체의 기를란디오에게 도제 수업을 받았다. 기를란디오는 당시 부유한 피렌체 시민 계급의 생활을 명쾌하고도 매력적으로 표현하는 화가였다. 그의 화실에서 미켈란젤로는 화가로서 갖추어야 할 일반적인 교양과 기법을 쌓았다. 이때부터 독특한 개성을 나타내기 시작한 미켈란젤로는 당시 피렌체풍의 세련된 미술을 거부하고 기념비적이고 강한 표현을 즐겨 사용했다.

1489년부터 미켈란젤로는 피렌체의 조각 학교에서 베르톨도에게 조각을 배웠다. 1496년 그는 피에타상을 제작하게 되었는데, 이 조각상은 성모의 가슴에 걸친 어깨띠에 서명을 남긴 유일한 작품이었다. 1504년에는 다비드상을 완성하여 많은 사람들에게 찬사를 받았다. 1512년에는 4년여의 시간 끝에 시스티나 예배당 천정의 「천지창조」를 완성했으며, 그 후 「최후의 심판」을 그렸다. 말년에는 건축에 몰두하였고, 거의 숨이 멎어갈 무렵까지 「론다니니의 피에타」 등을 조각하였다. 그리고 1564년 2월 18일 미켈란젤로는 뇌일혈로 숨을 거두었다.

미켈란젤로는 르네상스 예술에서 가장 중요한 예술가 중의 한 사람이었다. 르네상스는 15세기를 전후하여 미술 · 음악 · 과학 · 정치 · 경제 등 거의 모든 분야에서 발생한 문화 혁신 운동으로서, 일반적으로 중세에서 근대로 넘어가는 과도기로 보고 있다. 도시와 상업 활동이 가장 활발했던 지역인 이탈리아에서 먼저 발생하였다.

'다시 태어나다'라는 뜻의 르네상스는 문화적으로 그리스 · 로마 시대의 문화를 다시 발견하는, 정신적으로 인간의 자아를 발견하는 운동이었다. 그렇지만 르네상스가 중세를 뛰어넘어 고대로 돌아간 것은 아니며, 중세의 사상과 문화의 전통을 좀 더 창조적으로 변화시켰다는 시각이 보다 옳을 것이다.

르네상스 시대는 그리스와 로마의 조각이나 건축 양식을 존중하고,

레오나르도 다 빈치와 같은 만능 예술가들이 살아 숨 쉬던 시대였다. 미켈란젤로 역시 그러한 르네상스인 중 하나로, 이른바 '천재 예술가'라는 신화의 원형이 되는 인물이었음을 부인할 수 없다.

1745년 2월 18일

이탈리아 물리학자 볼타 출생

묽은 황산 속에 구리와 아연을 담가 만든 전지를 볼타 전지라고 하며, 또한 화학 전지를 일반적으로 볼타 전지라 부르기도 한다. 볼타(Volta, A. G. A. A.; 1745~1827)는 세계 최초로 화학 작용에 의한 전류를 만들어내 전기 현상 연구에 크게 공헌한 인물이기 때문이다.

볼타는 1745년 2월 18일 북이탈리아의 코모에서 태어나 코모의 공립학교를 마친 다음 왕립 학원을 졸업했다. 1769년 『전기 불꽃의 인력에 대하여』라는 최초의 논문을 발표하였다. 이후 볼타는 전기쟁반을 고안하였고, 축전기를 발명하였으며, 미량의 전기를 검출하는 검전기 등을 제작하였다.

1796년 볼타는 금속을 비롯한 여러 물질인 아연 · 주석 · 납 · 철 · 구리 · 백금 · 금 · 은 · 석묵 및 목탄을 차례로 늘어놓고, 서로 멀리 떨어져 있는 것일수록 강한 전류가 흐른다는 사실을 발견했다.

또 그는 전지를 만들었는데, 이를 테면 이것은 은판과 아연판 사이에 소금물이나 알칼리 용액으로 적신 천 조각을 끼워 여러 쌍 겹쳐 쌓은 것이었다. 그때까지 기전기를 통해 만든 전기는 순간적으로 흘러서 사라져 버리는 것이었기 때문에 볼타가 만든 전지는 과학사에 있어 획기적인 발명이었다. '볼타 전지'라는 명칭은 이때 나왔다.

이 업적으로 볼타는 영국 왕립 학회에서 코플리상을 수상했고(1794), 나폴레옹 1세의 초청으로 파리 학사원에서 강연하고 레지옹 도뇌르 훈장을 받았다(1801). 볼타는 이후 이탈리아 정부에 의해 원로원 의원이 되었으며, 1815년부터는 파도바 대학에서 교수를 겸하였다. 전압의 단위인 '볼트v' 역시 그의 이름에서 따온 것이다.

1838년 2월 18일

오스트리아 물리학자 에른스트 마흐 출생

물리학자이자 철학자였던 에른스트 마흐(Mach, E.; 1838~1916) 1838년 2월 18일 오스트리아의 모라비아에서 태어났다. 빈 대학교에서 물리학과 수학을 공부하였으며, 1860년에는 논문 『전하와 전자기 유도』로 학위를 받았다.

'질량 상수'를 논하여 뉴턴 역학의 기초를 다졌으며, 『에너지 보존 법칙의 역사와 기원』을 써서 에너지론의 기초를 닦았다. 『역학의 발전』이라는 저서를 통해 뉴턴 역학의 역사적 의의를 검토하였는데, 이것은 아인슈타인에게 영향을 끼쳐 '상대성 이론'을 확립하는 데 선구적 역할을 하였다.

마흐는 음향학의 실험 연구도 진척시켜 음속 측정 및 초음속에 관한 업적을 남겼다. 철학적인 면에서도 실증론의 입장에서 물리학적 인식의 본질을 추구하였다. 1901년부터 의회에 진출하였던 마흐는 1916년 독일 하르에서 사망하였다.

2월의
모든 역사

2월 19일

—

1405년 2월 19일

티무르 제국의 건설자 티무르 사망

—

티무르는 도시로 접근하면서 병사들에게 나뭇가지를 꺾어 말 양옆에 달아 두라고 명령했다. 티무르와 기마부대가 전진하자 나뭇가지가 땅에 쓸리면서 구름 같은 먼지를 일으켰다. 도시를 지키던 수비병들은 대군이 몰려오는 것으로 착각하고 달아나 버렸다. 이 시대의 역사가들은 이렇게 말했다.

"티무르는 먼지로 한 도시를 점령해 버렸다."

　칭기즈 칸의 대제국 건설이 이미 1세기 이상이 지난 1336년, 사마르칸트의 남방 카슈가리아 계곡에서 티무르(Timur; 1336~1405)가 태어났다. 아버지 타라가이는 몽골 바룰라스족의 귀족이었으며, 조상 대대로 차가타이 가의 신하였다. 차가타이는 칭기즈 칸의 둘째 아들로, 칭기즈 칸이 사망 직전에 나누어 준 제국을 물려받아 차가타이 칸국이라고 하였다.

　티무르가 처음으로 모습을 드러낸 것은 서차가타이 칸국에서 칸이 실권을 잃고 귀족들이 서로 다투던 1360년의 봄이었다. 이때 티무르는 무굴군 편에 서서 차근차근 자신의 지위를 쌓기 시작했다.

　마침내 1369년 티무르는 칭기즈 칸 가문의 칸을 새로이 세우고 자신이 실권자임을 선언하였다. 나이 33세에 자신이 가장 큰 야망으로 삼았던 바를 성취한 것이었다. 그리고 이듬해 4월 차가타이의 귀족들과 이슬람 지도자들은 티무르에게 복종 서약을 하였다.

　　무릎을 꿇고 조아리고 있는 수많은 군주와 제후 앞에서 머리에 황금 왕
　　관을 쓰고 허리에 찬란한 띠를 두른 티무르가 왕좌에 올랐다.

　역사가는 당시의 모습을 이렇게 기록하였다. 그러나 몽골 제국의 전통상 칭기즈 칸의 신성한 피를 부계에 이어받지 않은 자는 칸이 될 수가 없었다. 따라서 티무르는 이 원칙을 준수하는 동시에 다른 귀족들에 대한 우위를 확립하기 위해 칭기즈 칸 가의 공주인 사라이물크하눔을 후비로 맞아들였다.

　1370년 정식으로 칸이 된 티무르는 충실한 신하들을 군대와 여러 관청의 요직에 배치하여 신 정권의 조직을 굳혔고, 사마르칸트에 요새와

성곽 및 궁전 건축을 명령하여 수도에 어울리는 체제를 정비하였다.

수도 사마르칸트는 유럽, 중동, 중국을 연결하는 실크 로드와 러시아 및 킵차크 초원과 인도를 연결하는 남북 교역로가 교차해 경제적 번영을 누리는 도시였다. 이란, 시리아, 동투르키스탄, 중국 등에서 온 기술자들은 사마르칸트에 모여 유리, 도자기, 융단 등 각종 공예 기술을 겨루었다. 티무르가 즉위한 이후 킵차크 칸국, 인도, 타타르 등 여러 나라에서 사마르칸트로 가져온 상품은 실로 엄청났으며, 기록에 따르면 사마르칸트의 가게마다 판매 진열장이 넘쳐날 정도였고 한다.

티무르는 사마르칸트 성을 가로지르는 시장(바자르)을 건설해, 상인들로 하여금 이곳에 모여 장사하도록 했다. 건설 비용은 사마르칸트의 모든 시민이 부담하였고, 작업반을 둘로 나누어 주야로 공사를 진행했기 때문에 20여 일 남짓한 단기간에 완성되었다. 이 바자르는 사마르칸트 성 한쪽 끝에서 다른 쪽 끝까지 이르는 거대한 규모로, 천정은 돔으로 덮였고 곳곳에 창문이 열려 햇빛이 들어오도록 만들어졌다.

그러나 티무르와 그의 신하들은 도시에 살지 않았다. 그들은 도시 주변의 초원이나 정원에 게르를 치고 살았다. 사마르칸트 교외의 목초지에 세워진 티무르의 게르는 성이라고 표현해도 무방할 만큼 거대하고 호화로웠으며, 그 주위에는 4만~5만 개 정도의 게르가 가지런히 있었다. 이들이 원정에 나설 때면 일제히 게르를 접고 가족과 가축도 모두 전쟁터로 이동하였다. 그들은 도시 주변에 살면서도 정착민으로 동화되지 않고 유목민의 생활 양식을 지켜 냈으며 말을 이용한 기동성을 계속 유지하였다. 이러한 점에서 티무르의 성공은 칭기즈 칸과 거의 같은 성격을 보였다고 평할 수 있다.

대외 전쟁에서 승리하여 전리품을 나누어 주어야 하는 유목 국가를

수립한 이상, 티무르는 대외 원정을 피할 수 없었다. 그는 끊임없이 정
복전에 나서야 했으며, 중앙아시아 통일 이후 고향 땅에 머문 기간은
모두 합쳐도 수년에 불과했다. 티무르가 각지에 파견한 상인들은 시시
각각으로 그에게 다른 나라의 지도와 기록을 보고하였다. 그 덕분에 티
무르는 외국의 정세에는 더없이 정통하였으며 정복 전쟁 역시 전광석
화처럼 재빨리 이루어질 수 있었다.

　1380년에는 호라즘을 병합하였으며, 이란 지방의 카르토 왕조를 멸
망시켰고, 1393년에는 바그다드에서 자라일 왕조의 군주를 몰아냈다.
한편 1395년에는 킵차크 칸국의 토크타미시를 테레크 강변에서 크게
격파하고 모스크바 부근까지 진군하였으며, 5회에 걸쳐 동차가타이 칸
국으로 침입하여 1397년에 복종시켰다. 1398년의 인도 원정은 인도의
풍부한 물자와 교역 타개가 목적이었다. 펀자브와 갠지스 강 상류 지역
은 간단하게 무너졌고, 투굴룩 왕조의 수도 델리는 철저하게 약탈당하
였다.

　1402년 7월, 티무르는 앙카라에서 강적 오스만 제국의 바야지드 1세
와 전쟁을 치렀다. 양쪽 모두 10만 대군을 거느린 이 전쟁은 티무르군
이 승리하였고 바야지드는 포로가 되었으며, 티무르는 그 여세를 몰아
에게 해까지 진출하였다. 이리하여 서쪽으로는 소아시아와 시리아, 동
쪽으로는 톈산 산맥과 델리에 걸쳐 티무르의 직간접적인 지배를 받는
거대한 제국이 성립되었다.

　오스만 제국 격파로 서쪽의 걱정이 사라진 티무르는 몽골 제국의 원
수이며 이슬람교의 적인 명나라를 정벌하기 위한 계획을 세웠다. 만약
이 원정이 성공하게 된다면 그는 몽골 제국 칭기즈 칸의 유업을 계승하
게 되는 것이었다.

티무르는 20만 군대를 이끌고 사마르칸트를 출발하였다. 그러나 그해 겨울은 유달리 춥고 눈이 많았다. 1405년 1월, 70세의 티무르는 꽁꽁 얼 어붙은 시르다랴 강을 건너 오트랄에 이르렀다. 그러나 2월 19일 추위 를 녹이고자 과음했던 티무르는 이곳에서 책상에 앉은 채 쓰러졌다. 원 정은 즉시 중단되었고 티무르의 유해는 사마르칸트의 구르이미르 묘에 매장되었다.

티무르가 죽은 후 제국 내에서는 권력 투쟁이 일어났으나, 1409년에 티무르의 넷째 아들 샤르흐가 사마르칸트를 점령하면서 겨우 진정되어 본격적인 티무르 제국의 전성기가 시작되었다.

───

1473년 2월 19일

폴란드 천문학자 코페르니쿠스 출생

───

'코페르니쿠스 혁명' '코페르니쿠스적 전환'은 임마누엘 칸트가 자 신의 저서 『순수 이성 비판』에서 사용한 말이다. 이것은 코페르니쿠스 (Copernicus, N.; 1473~1543)가 과거와 다르게 지동설을 주장해 우주에 대 한 유럽인의 인식을 완전히 바꿔 놓은 사건을 의미했다.

유럽의 15세기는 지적 열정이 깨어나기 시작하던 시기였다. 많은 대 학에서 과학 연구가 시작되었고, 원양 항해가 늘어나면서 고도의 천문 항해술이 필요하게 되었다. 그리고 이 시대에 태양계 연구의 문을 연 사람이 바로 코페르니쿠스였다.

그는 1473년 2월 19일 폴란드 북부의 토룬에서 태어났다. 그는 크라 코우 대학교를 다닌 후 이탈리아로 옮겨 가 볼로냐, 파도바, 페라라 등의 대학교에서 교회법과 의학을 공부하였다. 그 후 폴란드로 돌아와 주교였던 삼촌을 도와서 일하였다. 이 기간 동안 코페르니쿠스는 천문학 공부를 계속하였고 당시 유명한 천문학 교수였던 노바라와 친교를 맺기도 하였다.

코페르니쿠스가 언제부터 지동설을 생각했는가는 확실하지 않으나 대략 1514년일 것으로 추정하고 있다. 그가 출판을 주저했던 것은 종교적으로 이단자가 되어 버리는 당시 상황 때문일 것으로 추측된다.

코페르니쿠스는 1514년 이전에 『코멘타리올루스』라는 필사본을 통해 비공식적으로 지동설을 발표하였다. 수년이 지나면서 그의 주장이 세상에 알려지기 시작했으나, 당시 교회는 이 주장이 교리에 반하고 있음에도 불구하고 반대 입장을 취하지 않았다.

코페르니쿠스가 출판을 꺼리고 있다는 사실을 알게 된 젊은 개신교 학자 레티쿠스는 그의 원고를 루터파 목사인 오시안더에게 주고 출판을 부탁했다. 이단으로 몰리면 즉시 화형에 처해졌던 중세 유럽에서 코페르니쿠스의 원고를 출판한다는 것은 큰 모험이었다. 이 때문인지 코페르니쿠스의 원고를 출판했던 인쇄업자는 "이 책에 들어 있는 아이디어는 실제 현상을 나타내는 것이 아니고 행성 운동을 예측하기 위한 수학적 도구일 뿐이다."라는 머리말을 덧붙이고는 서명하지 않았다.

오시안더는 1543년에 출판된 이 책의 제목을 『천체의 회전에 관하여』라고 붙였다. 이 책의 인쇄 견본이 코페르니쿠스에게 전달된 것은 이듬해 5월 24일로, 그의 임종 자리였다. 코페르니쿠스는 앞으로 유럽 세계에 닥쳐올 충격은 볼 수 없었던 것이다.

코페르니쿠스의 책은 즉각적이진 않으나 유럽 사회에 미친 영향이 매우 컸다. 태양계 이해에 관한 새로운 시각이 제시된 것이었다. 이전까지 중세 유럽의 학자들은 과학 연구에 신학을 고려하지 않을 수 없었다. 과학적 결과가 신학과 서로 반대되었을 때 그들은 한 가지를 선택해야만 했다. 과학적 사실을 없앨 것인가, 신학적 권위를 부정할 것인가. 당시에는 순수 과학이 존재하지 않은 셈이었다. 신학자들은 곧 과학자인 동시에 정치가이기도 했으며, 신학 · 과학 · 정치가 분리되지 못한 시대였다.

　그러나 코페르니쿠스는 '과학은 단지 과학일 따름이다'라는 길을 제시했을 뿐더러, 유럽을 중세에서 벗어나게 하는 큰길을 만들어 놓은 선구자였다.

1878년 2월 19일

에디슨, 축음기 발명 특허

　1878년 2월 19일 미국이 자랑하는 발명왕 에디슨은 '틴 포일tin foil'이란 이름의 축음기를 세상에 내놓았다. 에디슨이 만들었던 최초의 축음기는 무선 통신의 음파를 기록하기 위해 발명되었으며, 에디슨의 축음기에 가장 처음 녹음된 것은 바로 에디슨 자신이 부른 「메리는 아기 양을 가지고 있어요」라는 노래였다.

1955년 2월 19일

동남아시아 조약 기구 발효

1954년, 미국은 동남아시아에서 공산주의를 봉쇄할 목적으로 국무 장관 덜레스 등을 중심으로 하여 '동남아시아 조약 기구'를 결성하였 다. 미국, 영국, 프랑스, 오스트레일리아, 뉴질랜드, 필리핀, 태국, 파키 스탄 등 8개국이 가입하였고 1955년 2월 19일에 발효되어 1977년까지 존속하였다.

1859년 2월 19일

스웨덴 화학자 아레니우스 출생

아레니우스(Arrhenius, S. A.; 1859~1927)는 1859년 2월 19일 스웨덴에 서 태어났다. 그는 전해질, 용액에 관한 기초 이론인 '이온화설'을 발표 하였다. 이것은 수용액에서 전해질의 이온화도는 항상 일정하게 유지 된다는 이론이다. 그의 이온화설은 당시에는 별다른 환영을 받지 못했 지만, 1903년 노벨 화학상 수상으로 결국 인정받게 되었다.

2008년 2월 19일

쿠바 혁명의 지도자 피델 카스트로 사임 발표

체 게바라와 함께 쿠바 혁명을 이끌었던 피델 카스트로(Castro, F. A. Ruz; 1926~)는 친미 독재 정권의 수장이었던 바티스타를 몰아낸 후 쿠바의 국무총리가 되었다. 1965년에는 쿠바 공산당의 제1 비서가 되어 쿠바 사회주의 공화국을 만들었으며, 쿠바의 각료 회의 의장과 국가 평의회 의장 그리고 최고 사령관을 겸임하였다.

그러나 건강상의 이유로 2006년 당시 부통령이었던 동생 라울 카스트로에게 직위를 넘긴 후 2008년 2월 19일 의장 및 최고 사령관직을 사임 발표하였다. 피델 카스트로는 세계 최장기 집권자로서 기네스북에 오른 바 있다.

* 1959년 1월 1일 '쿠바, 카스트로 집권 시작' 참조.

2월의
모든 역사

2월 20일

■
■
■

1946년 2월 20일

소련, 일본령 동북방 4개 섬을 소련 영토로 편입

제2차 세계 대전에서 패배한 일본은 1946년의 얄타 비밀 협정에서 동북방의 4개 섬을 소련에 할양한다는 조항에 서명할 수밖에 없었다. 그러나 이후 일본은 계속 이 섬들에 대한 역사적 연고권을 주장해 왔다.

　　동북방의 4개 섬은 하보마이, 시코탄, 구나시리, 이투루프이며, 이 섬들의 전체 면적은 4,996m²로 제주도의 3배나 된다. 현재 4개 섬의 소유권은 러시아에게 있으나, 2차 대전 패전국인 일본이 얄타 협정 조인에도 불구하고 지속적으로 영토 반환을 요구하는 중이다.

　　양국은 1956년 일본-소련 공동 선언을 채택하여 하보마이 군도와 시코탄을 일본에 인도한다는 데 합의했다. 그 후 양국은 평화 조약을 체결하기 위한 교섭을 계속했지만 4개 섬에 대한 영유권은 아직 합의가 이루어지지 않고 있으며, 이 때문에 여전히 평화 협정도 맺지 못한 상태이다.

　　1991년 일본은 러시아에 280억 달러의 경제 원조를 제의하면서 이 문제를 해결하려고 시도했다. 이에 옐친 대통령은 "양국 간의 영토 분쟁은 인정하지만 지금 세대에서는 양국이 쿠릴 4개 섬을 평화적으로 이용하는 데 그치고 영유권 분쟁 해결은 다음 세대로 미루자."라며 거부했다.

　　그리고 1993년 10월 옐친은 일본을 방문한 자리에서 두 섬을 일본에 반환하기로 한 약속은 존중할 것이라고 밝혔지만, 이듬해 쿠릴 열도에서 조업하던 일본 어선들이 총격을 받고 나포되는 사건이 발생하면서 이 문제는 더 이상 진전되지 못하고 있다. 따라서 이 4개 섬에 대해서도 일본은 법적, 역사적 이유만 내세울 뿐 실효적 지배 논리는 주장할 수 없는 상황이다.

1986년 2월 20일

러시아, 우주 정거장 미르호 발사

우주 정거장에서는 밤낮 구분이 명확하지 않고 하루에 두 번 해가 뜨고 진다. 이곳에서 우주인은 수면 마스크를 착용하고 몸을 고정한 채 자야만 한다. 이런 어려움에도 우주 정거장 미르를 만들기까지에는 하늘 위에 집을 짓고 싶었던 인류의 오랜 꿈이 담겨 있었다.

우주 정거장 미르는 과거 냉전 시대 미국과 소련 간의 우주 개발 경쟁의 산물로 태어났지만 오히려 상호 협력을 통해 더 큰 과학적 진보가 가능하다는 교훈을 남겼다.

소련은 1961년 최초의 유인 우주선 스푸트니크를 발사해 우주 시대의 기원을 열었으나, 8년 후 미국에게 달을 선점당했다. 우주 정거장 건설을 통해 패배를 만회하려 했던 소련은 1971년부터 7차례에 걸쳐 소규모 우주 정거장인 살류트를 발사했다.

그리고 1986년 2월 20일, 마침내 미르의 20t짜리 중앙 모듈을 우주로 발사했다. 미르에는 1996년 4월까지 유효한 생물학 실험실·생명 지원 장치 등이 설치된 모듈 7개가 추가됐으며, 미르는 소련 우주 개척의 상징물로 자리 잡았다.

1994년에는 미-러 우주 협력 합의에 따라 미르에 미국 우주선의 도킹을 위한 모듈이 건설되었다. 이듬해에는 디스커버리호를 타고 온 미국의 우주 비행사가 미르에 승선했다. 소모적 경쟁 일색이었던 인류 우주 개발사에 협력의 장이 열린 것이었다.

미르는 2001년 3월 23일 태평양에 폐기될 때까지 8만 8,000여 회나 지구의 궤도를 돌았고, 36억km를 날았으며, 12개국의 우주인 104명이 이곳에서 1만 6,500여 건의 실험을 수행했다.

영국의 BBC 방송국은 "미르의 가장 큰 성취는 인류가 우주 먼지 등 각종 위협과 싸우며 우주에서 15년을 견뎌 냈다는 사실이다"라고 전했다. 미르는 인류가 우주에서 생존할 수 있다는 자신감을 가져다준 꿈의 실현이었던 것이다.

—

1566년 2월 20일

명나라의 충신 해서 투옥

—

청렴결백한 충신으로 명성이 자자했던 명나라의 충신 해서(海瑞; 1514~1587)는 1566년 2월 20일 명나라의 12대 황제 가정제에 의해 투옥되었다. 그리고 가정제 사후에야 겨우 풀려나게 되었다.

1514년 하이난 섬에서 태어난 해서는 1549년 관직에 올랐으며, 자신의 관을 미리 준비해 놓고 황제에게 직언하였다는 소문이 날 정도로 청렴결백하였다. 그는 가정제가 도교에 깊이 빠져들면서 정무를 소홀히 하자 황제를 비판하였다. 이에 가정제의 미움을 사서 투옥된 것이었다.

그는 1569년 응천순무가 되어 강남 지방에서 일조편법을 시행하였는데, '일조편법'은 세금을 거두는 제도를 간소화하여 잡다한 항목으로 나누어져 있던 전부田賦와 요역을 각각 하나로 정비한 것이었다.

1920년 2월 20일

이탈리아 시인 마리네티, 미래파 선언

이탈리아 시인 마리네티(Marinetti, F.; 1878-1944)는 1909년 2월 20일 자 『르 피가로』지에 미래파 선언을 발표하였다. 미래파는 신예술 운동의 하나로, 정적인 예술에 반대하고 동적인 감각의 새로운 형식으로 미래적인 꿈의 아름다움을 나타내려 한 것이다.

마리네티가 최초의 미래파 작가들에게 제시한 것은 모든 운율의 체계적인 틀과 일체의 형식에 대항하여, 자유롭고 즉흥적이며 활력이 넘치는 방향으로 나아가는 것이었다. 다시 말해 감각을 강조하고, 과학 기술과 속력이 지배하는 세계를 즉각적으로 반영하며, 전통적이거나 시대에 뒤떨어진 주제를 거부하는 것이었다.

미래파 운동은 이후 보치오니, 발라 등의 화가를 중심으로 실험적인 시도가 행해졌고, 20세기 미술에 큰 영향을 미쳤다.

2월의
모든 역사

2월 21일

.
.
.

1972년 2월 21일

닉슨 미국 대통령 최초로 중국 방문

1972년 자본주의 국가 미국의 닉슨 대통령이 공산주의 국가인 소련과 중국을 방문하였다. 이것은 미국과 소련을 중심으로 한 냉전이 끝나고 데탕트의 시대가 열렸음을 알려 주는 상징적인 사건이었다.

　　제2차 세계 대전 말부터 시작된 냉전은 1953년 소련의 스탈린 사
망 후 흐루쇼프가 평화 공존을 표방하면서 해빙기를 맞이하게 되었다.
1960년대 말부터는 변화의 조짐이 더욱 강하게 생겨났다. 서독과 일본
의 급성장, 제3세계의 대두, 중소 분쟁, 핵전력의 세계적 확산 등으로
국제 정치는 이데올로기보다 국가 이익을 우선시하게 되었고, 국제 정
치 구도 또한 양극 체제에서 다극 체제로 전환되었다.

　　닉슨 대통령은 1969년의 닉슨 독트린을 통해 데탕트(긴장 완화 정책)
에 임하는 미국의 의지와 행동 강령을 내보였고, 1972년 2월 21일에는
미국 대통령 최초로 베이징을 방문하였다.

　　유럽에서는 1970년 8월 소련과 서독이 불가침 협정을 맺었고, 1975
년 7월에는 35개국의 정상들이 헬싱키에 모여 현상 인정과 내정 불간
섭을 선언하였다.

　　그러나 데탕트가 냉전을 완전히 해체시킨 것은 아니었다. 한쪽에선
데탕트를 말했지만 다른 한쪽에선 군비 경쟁이 줄어들지 않았다. 많은
사람들이 데탕트만 오면 냉전이 끝날 것이라 생각했으나 데탕트 시대
가 열려도 데탕트도 아니고 냉전 해소도 아닌 어정쩡한 관계만 지속되
었다. 그 이유는 서로가 자신이 주도한 데탕트를 원했기 때문이었다.
미국은 미국 중심의 데탕트를, 소련은 소련 중심의 데탕트를 원했다.

　　냉전은 역설적으로 미국이 '신 냉전'을 추구하면서부터 해소되기 시
작했다. 미국은 소련보다 월등한 경제력을 기반으로 새로운 냉전을 시
작하였다. 레이건 대통령은 복지 부문 등의 사회적 예산을 대폭 삭감
하고 국방비를 크게 늘렸다. 또 카터 대통령이 거부했던 B-1 폭격기
구매 계획을 밀고 나갔고, 역시 카터가 거부했던 중성자탄 배치를 명
령했으며, 화학전을 위한 신경가스 생산을 재개했다. 레이건의 신 냉

전은 '악마론'에 근거하고 있었다. 사악한 소련이 세계 각지에서 내전을 일으키고 테러리즘을 조장하며 악의 제국 건설을 위해 혈안이 됐다는 것이었다.

소련은 처음 레이건 정부가 들어설 때만 해도 심각하게 받아들이지 않았다. 그러나 미국이 본격적인 군비 경쟁에 나서자 소련도 이에 대응하기 시작했다. 그러나 소련의 경제력에는 한계가 있었다.

미국과의 군비 경쟁에서 이길 수 없다고 판단한 소련의 고르바초프는 새로운 탈출구를 모색했다. 이른바 신 사고에 기초해 군비 경쟁보다 군비 축소로 문제 해결을 시도한 것이다. 우선 동유럽에서 일방적으로 병력 50만 명을 철수했으며, 아프가니스탄 내전에서도 평화 협정을 맺은 후에는 소련군을 철수하였다.

이 결과는 동구 공산권의 몰락과 소련 자체의 해체로 나타났다. 폴란드, 헝가리, 체코슬로바키아가 탈공산화되었으며 루마니아는 민주화의 길을 걸었다. 동·서독의 통일도 이 연장선상에서 이뤄졌다. 그리고 1990년 9월 12일 미국, 소련, 영국, 프랑스 등 제2차 세계 대전 전승국들이 대 독일 화해 조약을 조인해 독일의 통일을 인정함으로써 동서 냉전 체제는 사실상 막을 내렸다.

―

1965년 2월 21일

미국 흑인 해방 운동가 맬컴 엑스 피살

―

> 백인이 흑인에게 '왜 나를 증오하는가?'라고 묻는 것은, 강도가 강도 당
> 한 사람에게 또는 늑대가 양에게 '왜 나를 증오하는가?'라고 묻는 것과
> 똑같다. 백인은 흑인의 증오를 비난할 도덕적 자격이 없다.
>
> 　　　　　　　　　　　　　　　　　　　　　　　　　　　　-맬컴 엑스

　맬컴 엑스(Malcolm X; 1925~1965)는 미국 중부 네브래스카 주의 오마
하에서 6남매 중 네 번째 아들로 태어났다. 그의 아버지는 침례교 목사
였으며, 신자들에게 선조의 고향인 아프리카로 귀향하라고 설교했다.

　맬컴은 미시간 주 랜싱에서 어린 시절을 보내는 동안 자신의 집이 광
신적인 백인 우월주의 폭력 단체 KKK의 손에 불타 버리는 사건을 당했
고, 그 후 2년 뒤 아버지는 KKK 단원들에게 참혹하게 살해되었다. 그리
고 세 명의 형들도 차례로 살해되었다. 혼혈이었던 어머니 루이스는 이
일로 정신 착란을 일으켰고, 맬컴과 남은 형제들은 뿔뿔이 흩어졌다.

　맬컴은 또래 친구들과 어울려 뉴욕 할렘가로 진출했다. 이때부터 무
장 강도로 체포되기까지 약 7년 동안 도박과 범죄, 마약과 방탕한 생활
을 일삼아 감옥신세를 지기도 하였다. 그런 그에게 동생은 블랙 무슬
림 신앙으로 개종할 것을 권하였다. 블랙 무슬림은 흑인의 우월성과 백
인의 타고난 사악함을 공언한 흑인 민족주의적 · 흑백 분리주의적 종교
운동이자 사회 운동이었다.

　1952년 가석방으로 자유를 찾은 맬컴은 시카고의 블랙 무슬림 운동

본부를 찾아가 지도자였던 일라이자 무하마드를 만났다. 그리고 블랙 무슬림의 엄격한 금욕주의를 지키겠다는 맹세를 한 뒤 성을 'X'로 바꾸고 이슬람 전도사로 변신했다. 이후 맬컴은 할렘의 옛 이웃들을 찾아다니며 백인의 인종 정책을 비판하고 이슬람교를 전파하기 시작했다.

미국의 흑인 해방 운동은 1960년대를 전후로 크게 두 갈래로 나뉘어 진행되었다. 간디의 비폭력 평화주의에 영향을 받은 흑인 인권 운동의 지도자 마틴 루터 킹 목사는 인권 운동에 주력하는 온건 노선을 펼쳤다. 다른 한편에서는 통합이 아닌 흑백 분리를 통한 운동을 추구하였는데, 이는 바로 일라이자 무하마드가 주도한 블랙 이슬람 운동이었다. 강경한 노선을 추구했기 때문인지 세력이 극히 보잘것없던 이 운동은 맬컴 엑스의 등장으로 비약적인 발전을 이루며 언론의 주목을 받기 시작했다. 맬컴 엑스는 뛰어난 연설로 많은 동조자를 얻었다.

당시에 대부분의 백인들은 자신이 흑인을 증오한다고 생각하지 않았다. 흑인이 자신의 분수를 알고 그에 걸맞게 행동하면 이를 환영하고 격려할 수 있다고 했다. 백인이 증오하는 흑인은 만인이 평등하다고 믿는 분수 모르는 흑인이었다.

맬컴은 분수 모르는 흑인에 속했다. 그는 빈민가 하층민의 삶을 통해 백인 정부의 정책으로는 결코 흑백 통합이 될 수 없음을 깨달은 터였다. 비폭력 무저항주의를 표방한 마틴 루터 킹 목사는 많은 백인과 흑인으로부터 찬양과 지지를 받았다. 그러나 맬컴 엑스는 타협할 줄 모르는 직선적이고 호전적인 웅변으로 소수의 흑인들을 제외한 모든 미국인들로부터 비난과 저주를 받았다.

맬컴은 곧이어 OAAU(Organization of Afro-American Unity: 아프리카계 미국인 단결 기구)를 조직했다. 종교적 편견을 뛰어넘어 미국 내 흑인들의 정치 · 경제 · 문화적 공동체를 조직하기 위한 실질적인 준비 작업에 들어간 것이었다. 하지만 맬컴의 두 번째 변신은 갑작스런 죽음으로 뜻을 펴보지도 못한 채 종국을 고하고 말았다. 1965년 2월 21일 OAAU 연설회장에서 정체를 알 수 없는 흑인 괴한들의 총격으로 살해된 것이었다. 3년 뒤인 1968년에는 킹 목사 역시 암살당했다.

맬컴은 이슬람교로 개종한 후 항상 죽음 가까이에서 살았으며, 자신의 죽음을 예견하고 있었다.

> 나는 매일 아침 일어날 때마다 "또 하루를 빌렸구나." 하고 생각한다.
> 나는 아마도 이슬람의 일원에게 또는 어떤 백인 인종 차별주의자에게
> 아니면 그들에게 고용된 무지한 흑인의 손에 죽을 것이다.
> 나는 지금 매일 하루의 목숨을 빌리고 있는 것처럼 살고 있다. 백인들은
> 그네들의 언론에서 나를 증오의 상징으로 이용했던 것처럼 죽은 나를
> 이용할 것이다. 두고 보라. 나는 '무책임한 흑인'이라는 딱지가 붙을 것
> 이다. 나는 백인들이 나를 적대시하고 더 세차게 공격할 때마다 내가 미
> 국의 흑인을 위해 바른 길을 걷고 있다는 신념을 더욱더 확고히 느낀다.
> 만일 내가 미국이라는 몸에서 인종 차별주의라는 악성 종양을 도려내
> 는 어떤 계기를 마련하고 죽을 수 있다면, 미약하나마 진리의 빛을 드
> 러내고 죽을 수 있다면, 그때 모든 공로는 알라에게 돌려드려야 한다.
> 오직 과오만이 나의 것이다.

맬컴 엑스가 암살된 이후 흑인 인권 운동은 강한 행동주의를 표방하기 시작했다. 그가 암살된 해에 결성된 검은 표범당의 게릴라 활동 등이 한 예다. 미국 흑인들의 "검은 것이 아름답다Black is beautiful cause black is beautiful."는 자의식 역시 맬컴 엑스의 영향이 컸다.

1677년 2월 21일

네덜란드 철학자 스피노자 사망

"내일 지구의 마지막 날이 오더라도 한 그루의 사과나무를 심겠다."

스피노자는 이 말을 어떤 의미로 했을까? 그의 책 『에티카』에서 그 해답을 찾을 수 있다.

'자유인은 무엇보다도 죽음에 대해 고민하는 일이 가장 적다. 자유인의 지혜는 죽음에 대한 성찰이 아니라 생에 대한 성찰인 것이다.'

철학자 스피노자(Spinoza, B.; 1632~1677)는 네덜란드 암스테르담에서 포르투갈계 유대인 상인의 아들로 태어났다. 스피노자는 유대인이었지만 라틴어나 데카르트와 홉스 등에 관심이 많았다. 그는 1660년 무렵까지 암스테르담에서 살았으며 후에는 헤이그 등지에서 지냈다.

스피노자는 은둔자적인 생활에도 불구하고 많은 철학자들과 교류하였고, 1673년에는 하이델베르크의 교수직을 제안받았지만 거절하였다. 스피노자의 명작 『에티카』는 1675년에 완성되었으나 그의 철학은 100년 후에나 알려지게 되었다.

스피노자는 "모든 것이 신이다."라는 범신론을 주장하였다. 스피노자가 말하는 신은 기독교와 같은 종교적 신과는 무척 다르다. 스피노자는 신은 곧 자연이라고 하였다. 자연에 있어 만물은 신의 형태를 빌린 것이고, 자연을 초월한 곳에 신이 있는 것은 아니라는 것이 그의 생각이었다.

스피노자에 따르면 인간이 도달할 수 있는 최고의 삶, 가장 행복한 삶은 '신에 대한 지적인 사랑을 하는 삶'이었다. 스피노자는 이렇게 말했다.

"무지한 자는 외적 원인에 따라 여러 가지 방식으로 동요되어 결코 영혼의 참다운 만족을 누리지 못하며, 자신과 신과 사물을 거의 인식하지 않고 산다. 이에 비해 현자는 영혼이 흔들리지 않고 신과 사물을 영원한 필연성에 따라 인식하며 영혼의 참다운 만족을 누린다."

그는 1677년 2월 21일『국가론』을 집필한 후 폐결핵으로 사망하였다.

—

1958년 2월 21일

아랍 연합 공화국 탄생

—

아랍 연합 공화국은 1958~1961년 사이에 존속하였던 이집트와 시리아의 통일 국가명이다. 1958년 2월 21일, 이집트와 시리아는 각각 자국민들에게 통일 국가 수립에 대한 국민 투표를 실시하였다. 투표 결과, 양국 국민의 90% 이상이 합병에 찬성하여 두 국가를 합병한 '아랍 연합 공화국'이 성립하게 되었다.

그러나 1970년 시리아에서 군사 쿠데타가 발생하였으며, 새로운 정권은 독립을 선언하고 국명을 '시리아 아랍 공화국'으로 바꾸었다. 이후로는 이집트 홀로 아랍 연방 공화국이란 국명을 사용하다 1971년 현재의 '이집트 아랍 공화국'으로 다시 국명을 바꾸었다.

1791년 2월 21일

오스트리아 음악가 체르니 출생

카를 체르니(Czerny, K.; 1791~1857)는 1791년 2월 21일 오스트리아 빈에서 피아노 교사의 아들로 태어났다. 그는 베토벤의 제자이면서 리스트의 스승이었다. 체르니는 피아니스트로 활동하고 작곡도 하였으며, 특히 피아노 연습 교본으로 많이 알려져 있다. 주요 작품으로는 「왼손을 위한 연습곡」 「서주와 푸가」 등이 있다.

1876년 2월 21일

루마니아 조각가 브랑쿠시 출생

브랑쿠시(Brancusi, C.; 1876~1957)는 현대 예술의 선구자 중 한 명으로 평가받는 루마니아의 조각가이다. 1876년 2월 21일 출생한 그는 1904년에 파리에서 조각을 배웠으며, 로댕의 초청을 받기도 했지만 거절했다. 그의 급진적이며 간결한 스타일은 「키스」 「잠자는 뮤즈」 등의 추상 작품으로 표현되었으며 많은 논쟁을 일으켰다. 이 외에 「신생」 「공간 속의 새」 「세계의 시초」 「끝없는 기둥」 등의 작품이 있다.

—

1893년 2월 21일

스페인의 기타리스트 세고비아 출생

—

세고비아(Segovia, A.; 1893~1987)는 1893년 2월 21일 스페인에서 태어났다. 1909년 16살 때 그라나다에서 첫 데뷔 콘서트를 가졌고, 20살 때 마드리드에서 직업적으로는 첫 번째 데뷔를 했다. 1922년 파리에서 리사이틀을 가진 뒤 남아메리카로 연주 여행을 떠났다. 1924년에 다시 파리로 돌아와 성공적인 콘서트를 했다. 뉴욕에서의 첫 번째 콘서트는 1928년에 열렸고 곧 극동 지역 투어를 가지며 화려한 기타 선율을 전 세계에 전해 주었다.

현대 기타 음악은 스페인의 타레가에서 비롯하였으며, 세고비아는 이것을 완성하였다는 평가를 받고 있다.

2월의
모든 역사

2월 22일

■
■
■

—

1732년 2월 22일

미국 초대 대통령 조지 워싱턴 출생

—

미국에서 매년 2월 22일은 건국의 아버지이자 초대 대통령인 조지 워싱턴을 기념하는 날이다. 이날 미국의 아이들은 워싱턴의 벚나무 일화를 생각하며 버찌 파이를 먹기도 한다.

벚나무 일화는 워싱턴이 얼마나 정직한 정치가였는지 보여 주는 이야기다.

평소 아끼던 벚나무에 큰 상처가 난 것을 보고 화를 내는 아버지에게 자기가 도끼로 그랬다고 자백하여 칭찬을 받았다는 일화이다.

그러나 이 일화는 사실이 아니라 후에 전기 작가인 로크 쉽즈가 지어낸 것이라고 밝혀졌다.

워싱턴(Washington, G.: 1732~1799)은 1732년 2월 22일 영국의 식민
지였던 아메리카에서 부유한 지주의 아들로 태어났다. 1752년 이복형
이 죽자 마운트버넌의 광대한 토지와 버지니아 민병대 부대장직을 이
어받았다.

그는 1754년 애팔래치아 산맥의 서쪽 땅이 프랑스인에 의하여 지
배되는 것을 반대하여 7년 전쟁에 참여하였다. 1769년 영국이 종이 ·
유리 · 차 등에 대해 수입세를 물리는 타운센드법을 만들려 하자 워싱
턴은 영국 상품 불매 동맹을 결성하였다. 1774년에는 제1회 대륙 회
의에, 1775년에는 제2회 대륙 회의에 버지니아의 대표로 참석하였고,
이 회의에서 무력 항쟁이 결의되자 그는 독립 혁명군 총사령관으로 임
명되었다. 1781년에 요크타운 전투에서 결정적인 승리를 거둔 뒤 독립
전쟁을 승리로 이끌었다. 1787년의 헌법 제정 회의에서는 의장직을 맡
아 새로운 연방 헌법을 제정하고 중앙 정부의 권한을 강화하였다.

이 헌법에 의하여 1789년 대통령으로 당선되었고, 같은 해 4월 30
일에 취임하였다. 1793년에 발생한 프랑스와 영국과의 전쟁에서 그는
중립을 선언하였으며, 이것은 유럽의 분쟁에 개입하지 않는다는 미국
의 전통적인 고립주의 외교 정책의 기원이 되었다.

1796년에 3선 대통령으로 추대되었으나 민주주의 전통을 위해 사양
하였다.

—

1848년 2월 22일

프랑스 2월 혁명 발생

—

나폴레옹의 몰락 이후 유럽은 프랑스 혁명 이전으로 돌아가려는 반동 체제로 들어갔다. 이때 프랑스에서는 7월 혁명이 발발해 루이 필리프가 새로운 왕이 되고 입헌 군주제가 실시되었다. 그러나 혁명을 이끌었던 노동자와 소시민에게 돌아오는 혜택은 아무것도 없었다. 선거권을 가진 프랑스 국민은 1%도 안 되는 특권 계급이었다.

이러한 가운데 자유주의자들과 사회주의자들은 선거법 확대를 비롯한 정치적 개혁을 요구하는 집회를 열었다. 정부가 군대를 동원하여 이들을 탄압하자, 결국 1848년 2월 파리의 시민과 노동자 들은 반란을 일으켜 국왕 루이 필리프를 영국으로 쫓아냈다. 1848년 2월 22일의 일이었다.

이를 '2월 혁명'이라고 한다. 2월 혁명 후에는 새로운 정부의 구성을 위해 사회주의 세력과 공화주의 세력이 대립하게 되었고, 그 결과 제2공화정이 등장하였다.

—

1857년 2월 22일

독일 물리학자 하인리히 헤르츠 출생

—

헤르츠(Hertz, H.; 1857~1894)는 독일의 물리학자로 1857년 2월 22일 함부르크에서 태어났다. 뮌헨과 베를린 대학교에서 공학 및 물리학을 배웠는데, 당시 독일 과학의 대부였던 헬름홀츠가 그의 스승이었다.

1879년 헬름홀츠는 '유전성 극화에 의한 전자기 효과를 검출하라'는 내용을 모든 학생에게 문제로 주었다. 그는 자신의 박사 과정 학생이었던 헤르츠에게도 이 문제를 풀도록 격려했으나, 헤르츠는 당시에 이 전자기 효과를 실험적으로 검출하는 데 실패했다. 결국 헤르츠는 1880년 전자기 효과 검출 실험이 아닌『동전기의 운동 에너지에 관한 연구』로 베를린 대학상을 받았다. 그 뒤 헤르츠는 베를린, 킬 등을 전전하다가 1885년 카를스루에에서 물리학과 정교수가 되었다.

1888년 헤르츠는 전기 스파크를 이용한 전자파 발견 실험에 성공했는데, 이것은 맥스웰이 예언한 전자기파의 존재를 실험적으로 증명한 것이었다. 그는 전자기파를 발생하는 장치(진동자)와 전자기파를 받는 장치(공진자)를 만들었다. 또 포물선 반사경을 사용하여 평행하게 진행하는 전자기파를 만들었고, 반사 · 굴절 · 회절 · 간섭 등의 실험으로 전자기파와 빛이 같은 성질임을 증명하였다.

헤르츠의 실험은 맥스웰의 전자기 이론을 증명한 것이었으며, 원격적인 중심력을 기초로 한 뉴턴적 자연관을 대신하여 전자기적 자연관이 과학 사상에 새로이 등장하게 하는 전환점을 이루어 냈다.

오늘날 진동수의 단위를 뜻하는 헤르츠(Hz)는 그의 이름에서 유래된 것이다.

1788년 2월 22일

독일 철학자 쇼펜하우어 출생

남에게 주입된 진리는 단지 우리의 외면에 붙어 있을 뿐이다. 그것은
인공적인 갈빗대이다. 자기 자신의 사색으로써 얻은 진리만이 우리의
참된 갈빗대이다.

-쇼펜하우어

독일의 철학자 쇼펜하우어(Schopenhauer, A.; 1788~1860)는 대표적인
염세주의자로 불린다. 그는 1788년 2월 22일 그단스크에서 태어나 괴
팅겐 대학교와 베를린 대학교에서 철학과 자연 과학을 공부하였다. 괴
테와 가까이 지내며 색채론을 연구하였고, 1819년에 발표한 『의지 및
표상으로써의 세계』에서는 칸트의 인식론에서 출발한 그의 염세적인
세계관을 서술하였다.

그는 실제로 존재하는 것은 의지뿐이라고 주장하였고, 의지는 모든
괴로움의 원천이라고 하였다. 그리고 이 괴로움에서 벗어나는 길은 오
직 금욕적인 생활을 통하여 불교의 열반과 같은 경지에서만 얻을 수
있다고 주장하였다. 그의 사상은 이후 니체의 철학을 비롯하여 문학과
음악 등의 예술 분야에 큰 영향을 끼쳤다.

2009년 2월 22일

인도 영화 『슬럼독 밀리어네어』 아카데미상 8개 부문 수상

영국 출신의 대니 보일 감독이 메가폰을 잡고 시몬 뷰포이가 대본을 담당하였으며 인도 배우들이 열연을 펼친 영화 『슬럼독 밀리어네어』가 2009년 2월 22일 아카데미 작품상 · 각색상 · 음악상 · 음향상 · 주제가상 · 촬영상 · 편집상 · 감독상의 8개 부분에서 수상하였다.

인도의 고아 소년 자말이 '누가 백만장자가 되고 싶은가'라는 퀴즈쇼에 참여함으로써 이야기가 펼쳐지는 『슬럼독 밀리어네어』는 인도 빈민가의 처참한 현실을 반영하였으며, 아카데미상 외에도 세계 각국의 영화제 및 시상식에서 88개에 달하는 상을 휩쓸었다.

2월의
모든 역사

2월 23일

■
■
■

1855년 2월 23일

독일 수학자 가우스 사망

가우스가 10살 때의 일화이다. 학교 선생님이 학생들을 조용히 만들기 위해 1부터 100까지 더하도록 시켰다. 그런데 가우스는 바로 답을 구해 대답했다.

가우스는 '1+2+3+……+99+100'을 '100+1=101' '99+2=101' 등과 같이 만들면 모두 50개의 쌍이 나오므로 답은 '50×101', 즉 '5,050' 이라고 암산한 것이었다.

독일의 수학자이자 물리학자이며 천문학자였던 가우스(Gauss, C. F.; 1777~1855)는 아르키메데스, 뉴턴과 함께 유럽의 3대 수학자 중 하나로 일컬어진다.

가우스는 1777년 독일의 브룬스비크에서 기와공의 아들로 태어나 가난한 가운데 성장하였지만, 일찍부터 뛰어난 영재성을 보여 어머니와 숙부의 노력으로 취학할 수 있었다. 10살 때 이미 등차수열 합의 공식을 창안하는 등 신동으로 소문이 나 브룬스비크 공 페르디난트에게 추천되어 공부를 계속할 수 있었다.

가우스는 18살에 괴팅겐 대학교에 입학하여 최소 제곱법을 발견하였고, 정17각형을 자와 컴퍼스만 사용해 작도하는 방법을 발견하였다. 이것은 유클리드 이래 2,000년 동안 누구도 해내지 못했던 대발견이었다.

또한 만 20세 전부터 과학 일기를 쓰기 시작하였는데, 이 일기장에는 많은 새로운 아이디어와 발견이 기록되어 있어 수학사의 중요한 문헌 가운데 하나로 평가받는다.

그는 천문학 · 물리학 · 도량형학에 크게 공헌하였고, 언어학에도 관심이 높았다. 또한 수론 · 미분 기하학 · 전자기학 등 다방면에서 활약하였고, 통계학 분야에 있어서는 정규 분포 및 최소 제곱법과 관련한 업적을 남겼다. 괴팅겐 대학 시절에 발견한 최소 제곱법의 원리를 이용하여 후에 소혹성 세레스의 궤도 계산에 성공하기도 하였다.

가우스는 이른바 수학적 엄밀성과 완전성을 수학에 도입하여 수학이 수리 물리학에서 독립할 수 있는 기반을 만들었다. 이 때문에 그는 근대 수학을 확립한 수학자로 평가받고 있다.

1855년 2월 23일 사망하였으며, 『정수론 연구』『천체 운동론』등의 저서를 남겼다.

1685년 2월 23일

독일 작곡가 헨델 출생

『메시아』의 「할렐루야」 합창이 나오자 하이든은 깜짝 놀라며 외쳤다.

"신의 영광이 저편에 나타났도다."

영국 왕 조지 2세도 「할렐루야」를 듣고 벌떡 일어났으며, 오늘날에도

이 대목에서는 청중 전원이 기립하는 관습이 남아 있다.

헨델(Händel, G. F. 1685~1759)의 『메시아』는 하이든의 『천지 창조』,
멘델스존의 『엘리야』와 함께 3대 오라토리오로 일컬어진다.

1685년 2월 23일 독일 할레에서 태어난 헨델은 오페라 작곡가가 되
기 위해 독일에서 유일하게 오페라 극장이 있었던 함부르크로 갔다. 그
리고 20대 초반에 이탈리아로 옮겨 가 오페라의 진수를 공부하였다.

1710년 독일 하노버 궁정의 악장으로 초빙되어 독일로 돌아왔으나
휴가를 얻어 방문한 런던에 매료되어 1712년 이후는 런던에서 오페라
작곡가로 활약하였다. 그러나 영국에서도 그의 오페라는 크게 인정받
지 못했다.

그러나 헨델은 1732년 무렵부터 종교 음악을 위주로 하는 오라토리
오 작곡가로 전향해 대성공을 거두었다. 『메시아』 이후에도 『삼손』 『벨
샤자르』 『알렉산더의 향연』 등 뛰어난 오라토리오를 발표하였다. 또한
헨델은 영국 왕실을 위해 『수상의 음악』 『왕궁의 불꽃놀이』 등을 작곡

하기도 했다. 그의 작품들은 장대하고 명쾌하여 대중에게 큰 사랑을 받았다.

헨델은 74세를 일기로 영국 국민의 애도를 받으며 세상을 떠났고, 그의 유해는 영국인들이 최고의 명예로 여기는 웨스트민스터 사원에 묻혔다. 그가 영국 음악계에 미친 영향은 너무나도 지대하여 그의 사후 영국에서는 약 100년간 음악사에 큰 획을 그을 작곡가가 나타나지 못했다.

1821년 2월 23일

영국 시인 존 키츠 사망

너는 더럽혀지지 않은 그대로인 정적의 신부

너는 침묵과 기나긴 세월 속에 자라난 양자

너는 숲 속의 역사가

우리 시인의 노래보다 더 멋있게

꽃처럼 아름다운 노래를

이렇듯 전해줄 수 있다니.

키츠(Keats, J.: 1795~1821)의 명시 「그리스 항아리에 부치는 노래」 가운데 일부이다. 1795년 런던에서 태어난 키츠는 영국의 낭만파를 대표하는 천재 시인으로 초기에는 감각적인 시를, 후에는 생의 어두운 면을 괴로워하는 시를 썼다. 짧은 생애 동안 생생한 심상, 뛰어난 감각적 매력, 고전적 전설을 통한 철학적 표현을 담은 시를 내놓았으며, 로마에서 폐결핵으로 요양하던 중 1821년 2월 23일 25세의 나이로 죽었다.
「엔디미온」「잔인한 미녀」「우울에 대한 송가」「나이팅게일에게」「히페
리온」 등이 유명하다.

1833년 2월 23일

독일 철학자 칼 야스퍼스 출생

독일의 철학자 칼 야스퍼스(Jaspers, K.; 1883~1969)는 1883년 2월 23
일 오르덴부르크에서 태어났다. 1909년 의사 자격을 얻은 뒤, 1922년
부터 하이델베르크 대학교에서 심리학을 강의하였다.

그는 실존주의 철학자에 속하지만 그 틀에 갇히기를 거부하였고, 기
본적인 관심은 현재 존재하고 있는 개인에게 있었다. 야스퍼스에게 참
된 철학이란 실재하는 개인에게서 출발하는 것이며, 이러한 개인들에
게 자신의 존재를 진실로 이해시킬 수 있어야 하는 것이었다.

그의 최대의 저서인 『철학』은 실존 철학을 체계적으로 전개한 것이
었다. 서구 사회가 제기하는 기계 문명, 대중 사회적 사회, 정치 상황,
특히 제1차 세계 대전 후의 사상적 위기에 대한 성찰이 기조를 이루고
있다.

제2차 세계 대전 후에는 『전쟁 죄책론』을 발표하여 세계의 지식인들
에게 큰 영향을 끼쳤다.

2월의
모든 역사

2월 24일

1304년 2월 24일

이슬람 여행가 이븐 바투타 출생

메카 사람들은 7월의 옴라를 더없이 흥겹게 경축한다. 경축 행사는
밤낮으로 이어진다. 한 달 내내, 특히 1일과 15일, 27일은 오로지
믿음으로만 가득 찼다. 나는 마침 27일 밤의 행사를 지켜볼 수 있
었다. 메카의 거리는 온통 고급 비단이나 삼베를 씌운 낙타 가마로
꽉 메워졌다. 낙타는 비단 목걸이를 둘렀다.

-이븐 바투타, 『이븐 바투타 여행기』

이븐 바투타(Ibn Baṭṭūṭah; 1304~1368)의 본명은 '아부 압둘라 무함마드 븐 압둘라 븐 무함마드 븐 이브라힘 알 라와티'로, 1304년 2월 24일 오늘날 모로코의 무역항인 탕헤르에서 태어났다. 인류가 배출한 최고의 여행가로 불리는 그는 30년간의 여행 과정을 제외하면 생애에 관해 알려진 바가 거의 없다.

전통적인 이슬람 교육을 받은 독실한 무슬림이었던 이븐 바투타는 22세의 젊은 나이로 대장정을 시작하였는데, 그 동기는 종교적인 의무감 때문이었다. 무슬림의 5대 의무 중 하나는 메카로 성지 순례를 다녀오는 것이었으며, 그는 성지 순례에 아울러 동방 이슬람 세계를 여행하여 이슬람 세계에 관한 지식을 탐구하려고 하였다.

이후 1325년부터 1354년까지 아시아-유럽-아프리카 세 대륙에 걸친 여행을 하였다. "하느님께서 아담을 빚어낸 이후 지금 이 순간까지." 라며 자신만큼 세상 여러 곳을 널리 돌아다닌 사람은 없었다고 호언했던 마르코 폴로의 성취조차 이븐 바투타의 장도에는 비견할 수 없을 정도이다.

『이븐 바투타 여행기』는 그가 귀국하여 쓴 책으로, 원 제목은 『진기함과 여행의 이문에 흥미를 가지는 사람들에 대한 선물』이다. 이 여행기가 중요한 것은 세 대륙에 걸친 10만km의 여행 거리는 물론, 여행 중 만난 인물과 풍속에 대한 꼼꼼한 기록이 있기 때문이다. 특히 14세기 서양과 중국의 모습을 이슬람교도의 시각으로 보여 주는 유일한 책이다.

그의 여행은 모로코의 탄자를 출발해 이집트-서아시아-중앙아시아-인도-동남아시아를 거쳐 중국의 한발리크(베이징)까지 다녀온 동행, 모로코의 수도 파스를 출발해 지브롤터 해협을 건너 이베리아 반도의 마지막 이슬람 왕국인 그라나다까지 갔다가 모로코 남부 마라케시를 돌아 파스로 귀환한 북北행, 파스에서 남하해 사하라 사막을 횡단한 뒤 수단 등 내륙 아프리카까지 왕복 여행한 남南행으로 살펴볼 수 있다.

이븐 바투타가 3대륙의 여러 곳을 여행했던 14세기 전반은 이슬람 문화권이 세계의 중심으로 뚜렷이 자리매김하던 시기였다. 1258년 아바스 왕조의 이슬람 통일 제국이 멸망한 후 이슬람 세계는 동방의 일 칸국과 서방의 맘루크 왕조 그리고 이베리아 반도의 나스르 왕조 등 여러 곳으로 나뉘어 있었다. 이븐 바투타는 이곳들을 넘나들며 여행하였다. 그가 성공적으로 대여행을 무사히 마칠 수 있던 것은 이슬람 특유의 형제애와 당시 가장 높은 지식을 자랑하던 아랍의 축적된 지식도 큰 도움이 되었다.

이븐 바투타는 고향 모로코로 돌아온 후 군주의 칙명을 받아 여행기를 완성하였지만 애석하게도 1355년에 완성한 여행기의 원본은 사라지고 없다. 지금 우리가 볼 수 있는 것은 이븐 바투타의 여행기를 토대로 당대의 문필가 이븐 주자이가 원문을 윤색하고 다듬은 1356년의 필사본뿐이다.

1962년 2월 24일

중국 학자 후스 사망

20세기 초반, 미국에 유학 중이었던 후스(胡適; 1891~1962)는 『신청년』이라는 잡지에 논문 「문학개량추의」를 발표하면서 백화 문학 운동을 주장하였다. 어떤 시대도 시대에 맞는 독자적인 문학을 창조해야 하며 속자속어(俗字俗語)도 섞인 언문일치의 백화 문학이야말로 오늘날의 중국 문학

이어야 한다고 제창한 것이었다.

중국의 사상가이며 문학가였던 후스는 1891년 청나라의 안후이 성에서 태어났다. 그는 두 차례의 세계 대전과 혁명 속에서 중국 대륙의 문화적인 면을 변화시키려 애쓴 인물이다.

중국에는 한자의 특성상 식자층만 글을 알 뿐 일반인은 쓰거나 읽을 줄도 모르는 문맹이 대부분이었다. 후스는 그 때문에 중국이 봉건적인 후진국으로 남게 되었다고 생각하여 '백화 문학'이라는 문학 혁명을 일으키게 되었다. 소리 나는 대로 쓰는 구어口語의 문학으로 파격적인 문화 개혁을 시도한 것이었다. 그는 자신의 문학 혁명을 8개 조목으로 설명했다.

① 내용이 있는 것을 말할 것

② 옛사람의 것을 본뜨지 말 것

③ 문법을 벗어나지 말 것

④ 병도 없으면서 신음 소리를 내지 말 것

⑤ 편애적인 언어를 피할 것

⑥ 전례와 고사에 매달리지 말 것

⑦ 대구對句를 쓰지 말 것

⑧ 속자와 속어를 피하지 말 것

후스는 말과 글이 일부 사람들만의 전유물이 아니라 모든 사람의 의사소통 도구라는 것을 알렸다. 후스의 글이 실린 『신청년』은 천두슈가 상하이에서 『청년잡지』라는 계몽지를 출간한 것에서 시작하였다. 제목이 가리키듯이 당시의 혼란한 국내 사정 때문에 희망을 잃고 방황하는 청년들을 계몽하기 위한 잡지였다. 1916년 9월에 잡지명을 『신청년』으로 바꾸고 서양의 문학 작품을 소개하기도 하였다.

1917년에 발표한 후스의 글은 문학 혁명의 효시가 되었다. 천두슈도 후스의 주장을 적극적으로 지지하고 나섰다. 후스는 주로 형식의 개혁을 주장하였고, 천두슈는 내용의 개혁을 주장하였다. 후스와 천두슈의 개혁은 사회에 커다란 파문을 일으켰고, 1919년 1월 베이징 대학교의 문과 교수들과 학생들이 주축이 되어 창간한 문예지 『신조新潮』 등의 문학 혁명에도 큰 영향을 미쳤다.

한편 후스는 중국의 전통문화를 정리하는 데에도 몰두하여 중국 사상사 연구의 금자탑으로 꼽히는 『중국 철학사 대강』과 『홍루몽 연구』 등을 발표했다.

후스는 평생 정치적 발언을 했음에도 정치와 일정한 거리를 유지하려고 노력했다. 그러나 그는 국민당과 공산당을 모두 비민주적이라고 비판했음에도 결정적 순간에는 상대적으로 자유의 가능성이 열린 국민당을 선택했다.

후스는 중일 전쟁이 발발하자 1938년 주미 대사로 부임하여 미국의 중국 지원을 유도하는 활동을 펼쳤다. 그러나 국공 내전의 결과로 베이징이 중국 공산당에게 포위되자 1948년 12월 다시 미국으로 건너갔다.

이후 후스는 국제 연합과 유네스코 등에서 타이완을 지지하는 활동을 벌였다. 프린스턴 대학교 등에서 강의와 연구를 계속하던 후스는 1957년 타이완 최고의 학술 기관인 중앙 연구원 원장으로 돌아왔으며, 1962년 2월 24일에 세상을 떠났다.

1976년 2월 24일

일본 검찰, 록히드 사건 수사 시작

"아, 그런가……."

1976년 7월 도쿄 지검 특수부 조사실에 체포돼 온 일본의 다나카 전 총리는 "전 총리가 총리 시절 비리로 체포되기는 사상 처음입니다."라는 담당 검사의 말에 이 짤막한 한마디로 응대했다. 일본 전후 최대의 스캔들인 '록히드 사건'의 절정이었다.

희대의 록히드 사건은 공교롭게도 리처드 닉슨 미 대통령이 워터게이트로 물러난 지 2년이 지난 1976년 2월 24일에 미국 상원 외교 위원회의 다국적 기업 소위 공청회에서 시작됐다. 미국 항공기 제작사인 록히드 사의 회계 담당자가 신형 트라이스타-L1011의 판촉을 위해 일본, 독일, 프랑스, 이탈리아에 총액 1,600만 달러의 뇌물을 제공했다고 증언한 것이었다.

관련 기관이 이 증언을 토대로 수사에 착수한 것과 동시에 도쿄 지검 특수부도 경시청, 도쿄 국세청과 공동 수사를 시작했다. 일본 검찰은 수사 6개월 만에 다나카 전 총리가 록히드에게서 뇌물 5억 엔을 받은 혐의를 포착했다. 이는 일본을 주무르던 자민당 최대 계파의 거물 정치인에게 수갑을 채우는 것으로 이어졌다.

최고 재판소는 다나카 전 총리 등 11명에게 유죄 확정 판결을 내렸으나 다나카 전 총리는 상고 중이던 1993년에 사망하였다.

1955년 2월 24일

애플 창업자 스티브 잡스 출생

스티브 잡스(Jobs, S. P.; 1955~2011)는 1955년 2월 24일에 출생하였다. 그러나 태어나자마자 버려진 그는 얼마 후 잡스 부부에게 입양되었다. 샌프란시스코에서 자란 잡스는 1972년 고등학교를 졸업한 후 캘리포니아의 버클리 대학교에 들어갔다.

그는 대학에서 만난 고등학교 선배 스티브 워스니악과 함께 컴퓨터를 만들기 시작했다. 잡스의 차고에서 만든 200대의 애플I 컴퓨터는 상업적인 성공을 거두었고, 이들은 1976년의 만우절을 택해 애플 사의 탄생을 세상에 알렸다.

그러나 회사 내부에서 엔지니어와 경영진 사이에 반목이 심해졌고 스티브 잡스는 이런 불화를 해소하지 못했다. 결국 그는 현실성 없는 망상가이자 회사를 도탄에 빠뜨린 인물로 지목되어, 자신이 만든 회사에서 쫓겨났다. 이후 넥스트 사를 세워 운영하다가 13년 만에 다시 애플로 복귀하였다.

21세기에 들어와 잡스는 아이패드와 아이폰 등으로 전 세계적인 애플 신드롬을 다시 한 번 불러일으켰다. 2009년에는『포천』지 선정 최고의 CEO상을 수상하였으나, 2011년 10월 5일 건강 악화로 사망했다.

—

2001년 2월 24일

디지털 정보 통신의 아버지,
2진법의 창안자 클로드 섀넌 사망

—

미국의 과학자이자 수학자인 클로드 엘우드 섀넌(Shannon, C. E.; 1916~2001)이 2001년 2월 24일 세상을 떠났다. 1916년 4월 30일 미국 미시간 주에서 태어난 섀넌은 매서추세스 공과 대학교에서 전기 공학과 수학을 전공한 뒤 벨 연구소에서 일하였으며, 제2차 세계 대전 당시에는 암호 해독가로도 활약하였다. 이후 모교인 매서추세스 공과 대학교로 돌아가 교수로 재직하며 수학 및 컴퓨터 분야와 관련한 많은 연구를 하였다.

그는 0 · 1 · 2로 구성된 이진법을 고안하였으며, 정보 통신의 핵심 원리를 연구하여 텔레비전과 컴퓨터 네트워크 등의 발전에 지대한 공헌을 하였다. 은퇴 후에도 저글링 로봇 등을 발명했던 섀넌은 노년에 알츠하이머병으로 요양원 생활을 하던 중 사망하였다.

2월의
모든 역사

2월 25일

—

1715년 2월 25일

청나라 소설가 포송령 사망

—

명나라 선덕 황제는 귀뚜라미 싸움을 즐겨 해마다 백성들에게 싸움 잘하는 귀뚜라미를 뽑아 들이게 했다. 성명이라는 착한 선비에게도 힘센 귀뚜라미를 잡아 오라는 명령이 어김없이 내려왔다. 성명은 온 고을을 뒤졌지만 힘센 귀뚜라미를 구할 수 없어 시름시름 앓게 되었다.

그러던 어느 날, 어린 아들이 우물에 빠져 거의 죽을 뻔하다가 살아났다. 그러나 아이는 겨우 숨만 붙이고 있을 뿐이었다.

성명은 다음 날까지 힘센 귀뚜라미를 바치지 않으면 곤장을 맞아야 했고, 그러다 죽을 수도 있었다. 성명은 뜬눈으로 밤을 새웠다. 동이 틀 무렵에 잠이 들려고 하는데 창밖에서 귀뚜라미 소리가 들렸다. 잡으려고 손을 뻗쳤으나 어찌나 빠른지 잡히지 않고 담벼락으로 달아날 뿐이었다. 성명이 담에 붙은 귀뚜라미를 보니 보잘것없이 작은 놈이었다. 하는 수 없이 귀뚜라미 잡기를 포기하려는 찰나, 그놈이 성명에 가슴으로 들어왔다. 그래도 보기보다는 튼튼한 것 같았다. 하지만 너무 작아 관청으로 가져가기는 꺼림칙했다.

같은 마을에는 귀뚜라미 싸움으로 살아가고 있는 젊은이가 있었는데 그가 성명의 귀뚜라미를 보고는 자신의 큰 귀뚜라미와 겨루어 보자고 했다. 성명은 이렇게 중얼거렸다.

'어차피 내 것은 너무 작아 질 것이 뻔하지만 관청에 가서 웃음거

리가 되는 것보다는 나을지도 모른다.'

귀뚜라미 두 마리가 시합대에 올라갔다. 성명의 꼬마 귀뚜라미는 큰 귀뚜라미를 보고 얼었는지 꼼짝도 하지 않았다. 젊은이가 꼬마 귀뚜라미의 콧수염을 건드려 보았지만 마찬가지였다. 그런데 갑자기 펄쩍 뛰더니 큰 귀뚜라미의 목을 물고 늘어지는 것이었다. 그러고는 크게 한 번 울었다. 성명은 기뻐하면서 자기의 작은 귀뚜라미를 관청에 바쳤다.

관청에 간 성명의 귀뚜라미는 연전연승하였고, 결국 황제에게 진상되어 황실에서 이름을 붙여준 유리달 귀뚜라미, 호접 귀뚜라미, 청사액 귀뚜라미와 겨루게 되었다. 성명의 귀뚜라미는 이 귀뚜라미 공公들을 모두 물리쳤고, 이에 황제는 크게 기뻐하며 성명에게 과거 급제자의 자격을 주도록 했다.

그리고 일 년이 지난 뒤 어린 아들이 혼수상태에서 깨어나 이렇게 말했다.

"아버지, 제가 귀뚜라미로 변해서 다 이기고 돌아온 거예요."

-포송령, 『요재지이』 중 「귀뚜라미 싸움」

이 글은『요재지이聊齋志異』에 나오는「귀뚜라미 싸움」이라는 설화로, 당시 청나라 백성들의 삶을 살펴볼 수 있는 귀중한 문헌 자료로 평가받는다. 중국 괴이담의 태두로 유명한『요재이지』는 중국 산둥 성의 만년 낙제생 포송령(蒲松齡; 1640~1715)이 저술한 것이다.

포송령은 중국 명나라가 멸망하기 4년 전인 1640년 산둥 성에서 태어났다. 그의 집안은 대대로 과거 급제자를 배출한 명문가였으나, 그의 아버지는 명나라 말기의 동란으로 과거를 포기하고 상업으로 전향하였다.

포송령은 11세부터 공부를 시작하여 19세에 현시, 부시, 원시에서 모두 수석 합격하였다. 포송령의 이름은 청나라 곳곳에 자자해졌고 장래가 촉망되는 젊은이로 알려졌다. 그러나 향시에는 합격하지 못하였다. 그렇게 하기를 11번이었다고 하니 포송령은 50세를 넘길 때까지 수험생으로 있던 것이었다.

낙심한 그는 평소 품고 있던 개혁 의지를 글에 쏟아부었고, 기이한 이야기를 즐겨 수집하던 그의 취미와 맞물려『요재지이』가 탄생하게 되었다.『요재지이』에는 491편의 설화가 들어 있는데, 그가 설화를 수집한 방법에 대해서는 다음과 같은 이야기가 전해진다.

> 포송령은 매일 아침 차를 끓여 넣은 물통과 담배 한 포를 준비해서 사
> 람들이 많이 다니는 큰길로 나갔다. 그리고 방석을 깔고 앉아 오가는
> 사람들에게 차와 담배를 권하며 무엇이든지 이야기하라고 말하고, 충
> 분히 들은 후에는 집으로 돌아와 자기 글로 만들었다.

포송령은 72세 때 간신히 공생이 되었고 일생을 불우하게 지내다가 1715년 2월 25일 사망하였다. 그의 작품으로는『요재지이』외에도『혼

가전서』『일용속자』『농상경』 등이 남아 있다.

『요재지이』에는 귀신 얘기, 도술을 부리는 얘기, 남녀 간의 사랑 얘기, 탐관오리가 벌 받는 얘기 등 다양한 설화가 들어 있다. 포송령은 이 이야기들을 통해 인간은 어떻게 살아야 하는지, 잘 사는 삶은 어떤 것인지를 전한다.

책 제목의 '요재'는 포송령의 서재에서 이름을 가져온 것이며, 『요재지이』는 '요재가 기록한 기이한 이야기'로 풀이할 수 있다. 이 책은 명나라 대의 『삼국지』『수호지』『서유기』『금병매』, 청나라 대의 『홍루몽』『유림외사』『금고기관』과 함께 중국의 8대 기서에 속하며, 기서 가운데 유일한 단편집이다.

—

1969년 2월 25일

미국, 베트남에서 민간인 학살

—

2001년 미국의 밥 케리(Kerry, J. R. B.; 1943~) 전 상원의원은 기자 회견에서 "우리가 의도했던 것은 아니지만 그 사건이 발생했다는 것에 대해 죄책감을 느낀다."고 밝혔다. 이는 1969년 2월 25일, 베트남 전쟁 당시 해군 특수 부대 대위였던 그와 자신이 이끄는 부대원들이 메콩 델타 지역에서 20여 명의 민간인을 사살한 사실을 시인한 것이었다.

베트남 언론은 미국의 밥 케리 전 상원의원이 20여 명의 비무장 민간인을 살해했다고 공식 인정한 것과 관련하여 그의 고백을 환영하는 동시에 미국 측의 사과를 요구했다. 공산당 기관지는 '야만적인 학살을 뒤늦게나마 고백한 케리 전 의원의 행동은 용기 있는 것이다. 그러나 여기서 그치지 않고 베트남 인민들에 대한 사과로 이어지길 기대한다'라고 밝혔다.

그러나 베트남 전쟁에서 밥 케리가 저지른 민간인 학살보다 더 잔혹한 것은 바로 '밀라이 사건'이었다. 베트남 전쟁 중 베트남의 일반인 504명이 미군에게 참혹하게 학살당한 이 사건은 미군이 저지른 가장 추악한 범죄 행위 가운데 하나로 손꼽힌다.

전쟁이 한창이던 1968년 3월 16일 아침, 미군 제11 보병 여단의 대형 헬기 9대가 밀라이 마을로 들이닥쳤다. 착륙장 확보를 위한 미군의 엄청난 포격으로 주민들은 미처 도망가지 못했지만, 베트남 정부가 발행한 신분증이 있었기 때문에 그들은 두려워하지 않았다. 주민들은 미군이 사살 명령과 함께 기관총을 들이미는 것을 보고서야 사태를 파악하고 살려 달라고 애원했지만 그 소리는 곧 총성에 묻히고 말았다. 자동화기로 무장한 미군은 노인과 부녀자, 아이 들을 도랑으로 몰아넣고 무차별 사격을 가하며 가옥에 불을 지르기 시작했다. 4시간에 걸친 광란의 학살 결과 17명의 임산부와 미취학 아동 173명을 포함한 504명의 베트남인이 목숨을 잃었다.

밀라이 사건의 진상은 사건 18개월 뒤 베트남전의 종군 기자였던 『뉴욕 타임스』허시 기자의 양심 보도로 사진과 함께 세상에 알려지게 됐다.

—

1841년 2월 25일

프랑스 화가 르누아르 출생

—

1841년 2월 25일 프랑스 리모주에서 태어난 르누아르(Renoir, P. A.; 1841~1919)는 13살에 파리로 가서 도자기에 그림 그리는 일을 하였다. 이곳에서 색채 감각을 익힌 것이 화가로 성공하는 데 큰 도움이 되었다.

그의 초기 작품은 마네, 쿠르베 등에게서 큰 영향을 받았다. 1870년 대에는 초상화를 그리며 생활하였고, 밝고 희미한 색상의 야외 풍경을 자주 그렸다. 한동안 인상파 그룹의 한 사람으로서 빛나는 색채 표현을 전개하였다. 「샤토에서 뱃놀이를 하는 사람들」이 인상파 시대의 대표작이다. 그 후 인상파에서 이탈하여 원색 대비에 의한 독자적 화풍을 확립하였다.

최후 10년간은 조각에도 손을 대 「모자母子」와 같은 걸작을 남겼다.

—

1954년 2월 25일

나세르 이집트 공화국 총리 취임

—

이집트의 정치가 나세르(Nasser, G. A.; 1918~1970)는 이집트 공화국의 제1대 대통령(1956~1970)이다. 그는 1918년 이집트 알렉산드리아에서 태어났으며, 1938년 육군 사관 학교를 졸업하였다.

1952년 7월 23일, 당시 중령이던 나세르는 자유 장교단을 이끌고 무하마드 알리 왕조를 무너뜨린 뒤 이집트 공화국을 세웠다. 1954년 2월

25일 나세르는 총리로 취임하였으며, 1956년 단독 후보로 치른 대통령 선거에서 당선되었다.

1955년에 인도의 네루 등과 친교를 맺고 반둥 회의에 출석하여 적극적인 중립주의, 비동맹주의 외교 정책을 추진하였다. 또한 1956년에는 수에즈 운하의 국유화를 선언하고 국제기구의 조정을 거쳐 1958년에 운하의 소유권을 이집트로 가져왔다.

1950년대 말의 계획 경제에 따라 이집트는 사회주의적인 색채를 띠기 시작해, 1961년 사회주의를 선언하고 사기업을 국유화했다. 나세르는 1970년 요르단 내전의 중개를 맡던 도중 심장 발작으로 사망하였다.

1964년 2월 25일

무하마드 알리, WBA 헤비급 챔피언 획득

무하마드 알리(1942. 1. 17~)는 1964년 2월 25일 세계 헤비급 통합 챔피언 리스턴을 7회 KO승으로 이겨 새로운 챔피언이 되었다. 리스턴은 "나비처럼 날아서 벌처럼 쏜다."고 허풍을 떠는 22세의 신예 클레이의 희생물이 되고 말았다. 클레이는 세계 헤비급 타이틀을 획득한 이후 이슬람교에 개종하고, 이름도 무하마드 알리로 개명했다. 그는 역사상 최고의 복서로 불린다.

* **1942년 1월 17일 '무하마드 알리 출생' 참조**

—

1983년 2월 25일

미국 극작가 테네시 윌리엄스 사망

—

테네시 윌리엄스(Williams, T.; 1911~1983)는 미국 미시시피 주에서 태어났다. 아이오와 주립 대학교에서 연극을 전공하였고, 70편이 넘는 희곡과 시, 단편 소설을 썼다.

최초의 성공작은 『유리 동물원』(1945)이었으며, 1947에는 『욕망이라는 이름의 전차』로 퓰리처상을 받았다.

윌리엄스는 그의 작품에서 혼란하고 냉엄한 사회에서 일어나는 사람들의 열정과 좌절을 표현해, 아서 밀러와 더불어 현대 미국의 대표적인 극작가로 평가받고 있다.

1983년 2월 25일 사망하였다.

2월의
모든 역사

2월 26일

.
.
.

—

1802년 2월 26일

프랑스 작가 빅토르 위고 출생

—

자, 나는 가야 한다. 얘들아, 서로 영원히 사랑하라. 이 세상에는 사랑하는 것밖에 아무것도 없도다. 그리고 여기서 죽은 가엾은 노인 생각도 가끔 해다오. 오, 나의 코제트.

-위고, 『레 미제라블』

위고의 장편 소설 『레 미제라블』의 마지막 부분인 이 내용은, 주인공 장발장이 코제트와 마리우스 앞에서 숨을 거두기 직전의 장면이다.

장발장은 빵 한 조각을 훔친 죄로 19년 형을 치르고 감옥에서 나오다 비앵브 주교와 만났다. 은식기를 훔치다 들켜서 경찰에게 연행되려는 찰나 주교가 이렇게 말했다.

"이 은촛대도 주운 것인데 왜 안 가져갔소."

장발장은 주교의 사랑에 평생 처음으로 눈물을 흘렸다. 그리고 그 사랑을 죽을 때까지 가져갔다.

빅토르 위고(Hugo, V. M.; 1802~1885)의 『레 미제라블』은 프랑스 대혁명 이후의 1820년대 파리를 배경으로, 당시 프랑스 사회에 대한 예리한 해부와 고찰을 드러낸 작품이다. 위고는 어른뿐만 아니라 어린이들에게도 사랑을 받고 있는 작가로, 프랑스의 어린 학생들에게 프랑스에서 가장 위대한 사람이 누구인지 물으면 나폴레옹이나 루이 14세가 아닌 빅토르 위고를 꼽는다고 한다. 그는 힘으로 강한 자가 아니라 정신으로 강한 위인이었던 것이다.

빅토르 위고는 1802년 2월 26일 군인인 아버지가 근무하였던 프랑스 브장송에서 태어났다. 아버지를 따라 이탈리아, 스페인 등지에서 어린 시절을 보내고 10살 때 파리로 돌아와 시를 쓰기 시작했다. 17살인 1819년 툴루즈의 아카데미 콩쿠르에서 입상하였고, 형과 함께 낭만주의 운동에 공헌한 잡지 『르 콩세르바투아르 리테레르』를 만들었다.

위고는 첫 시집 『시와 오드』, 희곡 『크롬웰 서문』 등을 발표함으로써 타성에 젖은 연극계에 파문을 던졌고, 1830년에는 『에르나니』를 발표하였다. 『크롬웰 서문』은 낭만주의를 한껏 올려준 신호였으며, 『에르나니』는 고전극에 대한 도전이었다. 위고는 고전극이 존중해온 3일치의 법칙 중에서 장소와 시간의 일치를 부정하였다. 여기에 화가 난 고전극 옹호파는 낭만주의에 속하는 시인, 화가, 음악가 들과 논쟁을 벌였고, 연극이 개막되자 주먹질까지 오가게 되었다.

1830년 7월 혁명이 일어날 무렵부터 위고는 인도주의와 자유주의로 기울어지기 시작했다. 시집 『가을의 나뭇잎』과 『황혼의 노래』, 희곡 『루이 블라스』 등을 발표하였다. 특히 소설로는 불후의 걸작으로 손꼽히는 『노트르담의 꼽추』를 발표하였다. 그러나 1843년 딸 레오포르딘이 남편과 함께 센 강에서 익사하자, 비탄에 빠져 그로부터 약 10년간 문필을 중단하고 정치에 관심을 쏟았다.

1848년의 2월 혁명 이후에는 공화주의에 기울어, 1851년 나폴레옹 3세가 쿠데타로 제정을 수립하려 하자 이를 반대하고 망명길에 올랐다. 이 기간 동안 장편 소설 『레 미제라블』(1862)을 발표하였으며, 『바다의 노동자』(1866)도 출간하였다.

나폴레옹 3세가 물러난 후 파리로 돌아왔지만 정치에 실망을 한 그는 시작에만 몰두하였다. 1874년에 대혁명을 그린 『93년』을 발표하고 이후 인생의 드라마를 마무리 짓기 시작하였다. 당대 독자들의 마음을 사로잡았고, 많은 적들과 투쟁을 벌였던 위고는 1885년 숨을 거두었고, 파리의 판테온에 고이 잠들었다.

―

1936년 2월 26일

일본 2 · 26 군사 쿠데타 발생

―

1936년 2월 26일, 일본의 황도파 청년 장교 22명이 1,400여 명의 사

병을 이끌고 황가의 전면적 개조와 군사 정부 수립을 요구하며 쿠데타
를 일으켰다. 이른바 '2·26 사건'이다.

장교들은 내각을 습격하여 다카하시 대장상과 사이토 내무 대신, 와
타나베 교육 총감 등을 살해하고 수상 관저와 의사당, 육군성을 포위했
다. 그러나 27일에 도쿄에 계엄령이 시행됐고, 28일에는 이들에게 원
대 복귀 명령이 내려졌다. 29일에는 2만 4,000여 명의 군 병력이 이들
을 포위하고 선무 방송과 삐라를 살포하기 시작했다. 자신들이 일왕에
의해 반란군으로 단정됐다는 소식에 동요하기 시작한 사병들은 대부분
원대 복귀하였고, 나카야마 대위는 책임지고 권총으로 자살했다. 다른
청년 장교들은 무장 해제 후 체포되었으며, 그중 15명이 교수형에 처해
졌다.

2·26 사건은 육군 내부에 존재해온 두 개의 파벌이 원인으로 작용
했다. 전쟁 준비를 위한 국내 체제 확립과 고도의 국방 국가 실현을 목
표로 하는 통제파와 관념적 행동 방식에 의한 국가 개조를 계획하는 황
도파로 나뉜 것이었다. 통제파가 주로 참모 본부, 육군성 등 중앙 참모
장교로 이루어졌다면, 황도파는 위관 급 청년 장교들이 주축을 이루었
다. 통제파가 황도파를 요직에서 내쫓으려 하자 두 파의 싸움이 격화되
어 2·26 사건이 발생한 것이었다.

2·26 사건은 황도파의 큰 희생을 낳았으며, 군부의 정치적 입지를
강화해 통제파가 정권을 독차지하는 결과를 만들었다. 외상을 역임했
던 히로타가 육군의 동의를 얻어 수상이 되었고, 대신들도 군에서 주문
한 대로 선발했으며, 군부 대신의 현역 무관제가 부활되었다. 또한 군
비 확장과 국내 정치의 개혁 등을 요구하여 이를 성사시켰다. 통제파는
숙군 작업을 통해 황도파를 비롯한 반대파를 쫓아내고 일본의 주도권

을 완전히 장악했다.

청바지를 처음 만든 리바이 스트로스 출생

오늘날 최고의 의류로 꼽히는 것은 단연 청바지일 것이다. 국경과 세대를 초월하여 젊음의 상징으로 자리 잡은 청바지를 '리바이 스트로스'가 최초로 만들어 팔았을 때는 푸른색이 아니었다.

1829년 2월 26일 태어난 리바이(Strauss, L.; 1829~1902)는 불과 21살의 나이인 1850년에 황금의 꿈을 안고 샌프란시스코에 도착했다. 하지만 그에게 있는 것이라고는 동부에 있던 형제들이 준 천 몇 필뿐이었다. 그는 땅을 사기 위해 천을 천막과 포장마차의 덮개로 만들어 팔려 하였다.

어느 날 그에게 군납 알선업자가 찾아와 대형 천막 10만여 개 분량의 천막 천을 납품하도록 도와주겠다고 제의했다. 뜻밖의 큰 행운을 잡은 스트로스는 즉시 빚을 내어 생산 공정에 들어갔으나, 납품할 수 없는 어처구니없는 일이 발생하였다. 그는 헐값에라도 팔아 밀린 빚과 직원들의 월급만이라도 해결하고 싶었으나 엄청난 양의 천막을 한꺼번에 사 줄 만한 사람이 나설 리가 없었다.

하지만 어느 한 광부와의 우연한 만남이 그의 생애를 바꾸어 놓았다. 그 광부는 광산에서는 튼튼한 작업 바지가 필요하지 값비싼 바지는 필요 없다고 말했다. 이에 힌트를 얻은 리바이는 곧장 서부에서 가장 튼튼한 갈색의 즈크 바지를 만들었다. 즈크 바지는 곧 다른 광부들에게도 전해졌고, 리바이의 바지를 구하기 위하여 많은 사람들이 몰려왔다.

사업에 힘을 얻은 리바이는 바지에 리바이스라는 이름을 붙여 팔았고, 당시 세계에서 가장 튼튼한 직물로 소문나 있던 데님을 재료로 썼다. 또 얼마 후에는 바지에 푸른 물을 들이는 인디고 물감을 사용하게 되었다.

그 후 네바다 주 재단사인 데이비드가 호주머니에 구리 못을 박는 아이디어를 내놓았다. 당시 광부들은 무겁고 울퉁불퉁한 광석을 호주머니에 넣고 다녔기 때문에 호주머니 부분이 찢어지곤 했기 때문이다. 리바이와 제이컵 두 사람은 천에 못을 박은 호주머니로 특허를 얻었다. 리바이 스트로스의 제품은 계속적으로 널리 판매되었고 그는 미시시피 강 서쪽에 있는 당시 최대의 의류 제조업자가 되었다.

푸른색의 잘 닳지 않는 바지, 이름 하여 청바지는 뛰어난 실용성을 인정받아 광부들뿐만 아니라 일반인들에게까지 엄청난 인기를 끌었다. 특히 영화 『이유 없는 반항』에서 제임스 딘이 청바지를 입은 것을 보고 많은 젊은이들이 청바지를 입기 시작하였다. 한편 대학생들은 노동자들과의 단결의 표시로 남녀를 가리지 않고 청바지를 입게 되었으며, 이때부터 유니섹스의 유행이 생겨났다.

1815년 2월 26일

나폴레옹, 엘바 섬에서 탈출

1815년 2월 26일 엘바 섬에서 구금 상태였던 나폴레옹이 탈출에 성

공하였다. 그리고 3월 20일 군중의 대대적인 환영 가운데 파리에 입성했다. 그러나 빈 회의 중이었던 유럽 국가들이 같은 해 6월 18일 벨기에 브뤼셀 근처의 워털루에서 나폴레옹의 군대를 물리쳐 대승을 거두었고, 나폴레옹의 시대는 막을 내리게 되었다.

—

1786년 2월 26일

프랑스 물리학자 아라고 출생

—

아라고(Arago, F.: 1786~1853)는 1786년 2월 26일 프랑스 에스타젤에서 태어났다. 그는 물리학과 천문학을 공부하였으며, 빛의 파동설에 깊은 관심을 보여 광선이 횡파임을 발표하였다. 1811년에 편광기를 개발하기도 하였다.

한편 그는 '아라고의 원판'이라는 맴돌이 전류를 증명하는 실험 장치를 만들었다. 이것은 1831년 영국의 과학자 패러데이가 전자기 유도법칙을 발견하는 계기가 되었다.

2월의
모든 역사

2월 27일

:
.
:

1997년 2월 27일

체세포 복제 양 돌리 탄생

① 수정되지 않은 난자들을 정상적인 양들보다 더 많이 가지고 있는 양으로부터 꺼낸다.

② 6살 된 숫양의 방광으로부터 꺼낸 조직의 일부 세포를 떼어내 배양 용기에서 키운다.

③ 배양된 세포에 영양분 공급을 중단하고 휴지기에 들어가도록 한다.

④ 세포를 난자의 옆에 두고 전기 충격을 가해 세포와 난자가 융합되도록 한다.

⑤ 융합이 되면 하나의 세포로 되며, 이를 7일간 키운다.

⑥ 7일간 키운 세포를 어미 양의 자궁에 이식한다.

⑦ 그 후에는 정상적인 새끼 양처럼 자궁에 착상하게 된다. 그리고 임신 기간(약 150일)을 거친 뒤 출산한다. 새끼 양은 젖샘 세포를 제공한 양과 동일한 유전 정보를 가진 클론이 된다.

-돌리의 탄생 과정

1997년 2월 27일 스코틀랜드 에든버러의 로슬린 연구소에서 체세포 복제 양 돌리가 태어났다. 이로써 유전자 복제 문제는 학계, 종교계 그리고 일반 시민의 관심사로 급격히 부상했다. 복제 양 돌리는 다 자란 암컷 양의 젖샘, 즉 유선 세포에서 만들어진 세계 최초의 클론 동물로, 2003년 2월 14일 폐질환을 앓고 있는 것으로 드러나 안락사되었다.

돌리는 유전학 발달의 결과이다. 일찍이 1865년, 멘델은 완두콩을 이용한 실험을 통해 특정 물질이 유전에 관여한다는 사실을 밝혀냈다. 그리고 1944년 에어버리는 유전자의 본체가 DNA라는 것을 규명하였고, 1953년 왓슨과 크릭은 DNA의 분자 구조를 밝혀냈다. 1960년대 중반에 들어 유전자 코드의 해독 문제가 해명되었다.

1960년대 말에는 DNA 안에 어떤 유전자가 들어 있는지 알아보기 위한 유전자 가위가 발견되었다. '제한 효소'라고 불리는 유전자 가위는 DNA 분자를 정확한 위치에서 잘라줄 뿐만 아니라 특정한 유전자를 찾아 다른 유전자들과 분리해 주며, DNA를 붙일 수 있도록 만들어 주었다. 제한 효소의 발견으로 DNA 연구는 비약적으로 발전하게 되었다.

1970년대 말에 이르러 유전 공학은 산업 활동과 결합되어 생명 공학 산업의 시대를 열었다. 1980년대에 이르러 유전학자들은 인간 유전자 지도의 필요성을 제기하였고, 1999년 9월 2일 미국 오하이오 주립 대학교에서는 인류 역사상 최초의 유전자 치료를 실시했다.

돌리가 태어난 후 인간 복제의 기술적 가능성을 높이는 발표들이 잇달아 나왔다. 복제 양 돌리의 출현을 어떻게 보아야 할 것인가에 대해 대부분의 과학계와 일반 대중의 즉각적인 반응은 충격과 비난 일색이었다. 머지않아 인간 복제도 기술적으로 가능할 것이라고 예상할 수 있었고, 그럴 경우 인간의 존엄성 훼손을 위시한 엄청난 혼란을 가져올 것이라는 우려가 불거졌다. 그리고 복제 기술의 인간 적용에 대한 대처 방안들이 제안되기 시작했다.

이미 1993년부터 국제 생명 윤리 위원회IBC를 구성한 바 있는 유네스 코는 1998년 12월 인류를 보존하고 인종 차별을 막기 위해 유전 공학 과 복제에 대한 세계 윤리 규약 마련을 촉구했다. 그리고 영국을 제외 한 유럽 20개국은 인간 유전 공학 및 복제에 대한 연구를 통제하는 「인 권 및 생명 의학 협정」에 서명했고, 세계 보건 기구WHO는 인간 복제 반 대 결의안을 채택했다.

양 복제에 성공한 이안 윌머트 박사는 미국 의회 청문회에서 "인간 복제는 비도덕적인 행위이며 받아들일 수 없다."고 말했다. 하지만 그 자신이 인간 복제의 가능성을 제시한 것 역시 사실이었다. 인간 복제의 윤리적 평가 문제는 인간 복제에 대한 종합 과학적인 이해, 특히 과학 기술에 대한 이해와 함께 논의되어야 할 것이다.

—

1936년 2월 27일

러시아 생리학자 파블로프 사망

—

파블로프(Pavlov, I. P.; 1849~1936)는 러시아의 랴잔에서 태어난 생리 학자이다. 그는 조건 반사에 대한 개념을 발전시킨 것으로 유명하다. 파블로프는 개에게 먹이를 줄 때마다 종소리를 냈고, 나중에는 먹이 없 이 종소리만으로도 개가 침을 분비한다는 사실을 관찰했다.

그는 조건 형성의 중요성을 강조함과 동시에 인간의 행동을 신경계 와 관련시킨 선구자적인 연구를 수행하면서 이와 비슷한 개념적 접근을 전개해 나갔다. 1904년 소화액 분비에 관한 연구로 노벨 생리 · 의학상을 수상했다.

1936년 2월 27일 사망했으며, 저서로는『대뇌 양반구의 작용에 관한 강의』『조건 반사학 강의』등이 있다.

1902년 2월 27일

미국 작가 존 스타인벡 출생

존 스타인벡(Steinbeck, J. E.; 1902~1968)은 1902년 2월 27일 미국 캘리포니아 주에서 태어났다. 그는 작품을 쓰면서 막노동으로 생계를 유지했고, 이러한 경험은 작품 속에서 노동자들의 삶을 생생하게 묘사할 수 있는 계기가 되었다.

그는『분노의 포도』(1933)로 퓰리처상을 받았으며, 이것은 1940년에 영화로도 만들어졌다. 이 소설은 한 일가가 오클라호마 주의 더스트볼에서 쫓겨나 캘리포니아로 이주하였지만, 무자비한 농업 경제 정책으로 계속 착취당한다는 줄거리이다.

이외에도『에덴의 동쪽』『피핀 4세의 짧은 치세』『우리 불만의 겨울』등의 작품이 있다. 1962년 노벨 문학상을 수상하였다.

1873년 2월 27일

이탈리아 성악가 엔리코 카루소 출생

―

1897년 젊은 테너 카루소는 오페라 『라보엠』 출연에 동의를 구하러 작
곡가 푸치니의 저택을 방문했다. 노래를 듣고 나서 푸치니는 말했다.
"누가 자네를 내게 보냈는가, 하느님인가?"

엔리코 카루소(Caruso, E.; 1873~1921)는 1873년 2월 27일 이탈리아
나폴리의 가난한 집안에서 7명의 아이들 중 세 번째로 태어났다.

1894년 11월 6일 나폴리의 누오보 극장에서 가진 카루소의 데뷔 무
대는 큰 성공을 거두진 못했다. 하지만 지휘자 롬바르디에게 발탁되어
체계적인 오페라 수업을 받을 수 있었다.

롬바르디는 카루소의 목소리가 장차 대성할 소지가 있음을 알아차리
고 성공의 길을 열어 주었다. 1897년에 자신의 지휘로 팔레르모 극장
에서 『라 조콘다』를 공연할 때 카루소를 등장시킨 것이다. 『나비 부인』
으로 유명한 이탈리아의 작곡가 푸치니도 그의 목소리를 좋아했다. 푸
치니의 『서부의 아가씨』는 그의 목소리를 염두에 두고 지은 것이다.

카루소는 20세기가 막 시작된 1900년의 시즌을 맞이하여 마침내 동
경하던 밀라노의 라 스칼라 극장 무대를 밟을 수 있었다. 카루소의 나
이 27세 때 이루어진 스칼라 무대에서 그는 『라 보엠』의 루돌포 역을
불러 대단한 평판을 얻었고, 그 여세를 몰아 다음 해인 1901년에는 자
신의 고향 나폴리의 산 카를로 극장에 나타나 『사랑의 묘약』을 불렀다.

카루소가 평생의 정열을 바쳐 노래한 메트로폴리탄과의 계약은

1902년 가을 시즌부터 시작되어 그가 죽기 직전인 1920년까지 지속되었다. 이 기간 동안에 카루소는 무려 607회에 달하는 무대 연출을 기록함으로써 이른바 '카루소 신화'를 탄생시켰다.

그가 마지막으로 메트로폴리탄 무대에 선 것은 1920년 12월 24일의 일이었다. 그리고 이 무대가 카루소의 공식적인 오페라 출연의 끝이었다. 늑막염이 심하여 더 이상 노래하기가 어려웠기 때문이다. 자신의 병세를 안 카루소는 고향인 나폴리로 돌아가, 1921년 8월 2일 오후에 조용히 눈을 감았다.

—

1807년 2월 27일

미국 시인 롱펠로 출생

—

미국의 시인 롱펠로(Longfellow, H. W.; 1807~1882)는 1807년 2월 27일 메인 주 포틀랜드에서 태어났다. 「에반젤린」 「인생의 찬가」 등의 작품으로 명성을 얻었다. 특히 시보다는 유럽 여러 나라의 민요를 매끄럽게 번안, 번역해 소개한 것으로도 유명하다.

—

2010년 2월 27일

칠레, 8.8 강진 발생

—

칠레의 수도 산티아고에서 남서쪽으로 325km 정도 거리의 태평양 연안에서 진도 8.8의 강진이 일어났다. 2010년 2월 27일 오전에 발생한 이 지진으로 인해 칠레 내륙의 일부 건물이 무너지고 통신과 전력이 단절되어 200만 명의 이재민과 700여 명의 사망자가 발생하였다. 지진의 원인은 하나의 지각판이 또 다른 지각판 아래로 밀려 들어가며 축적된 에너지가 한 번에 분출된 것으로 추정되며, 2월 27의 강진 이후 4.9~6.9도의 지진이 115차례나 추가 발생했다.

2월의
모든 역사

2월 28일

―

1947년 2월 28일

타이완 2 · 28 사건 발생

―

신임 장관 천이는 수행원들을 대동하고 타이완에 도착하였는데, 천이의 수행원들은 교묘하게 타이완을 착취하기에 바빴다.
국민당 군대는 마치 정복자처럼 행동했다. 비밀경찰은 노골적으로 민중을 협박하며 중국 본토에서 온 중앙 정부 관리의 착취를 도왔다.

-미국 국방부,『중국백서』

허우샤오셴 감독의 영화 『비정성시』로 다시 한 번 이목을 끌게 된 대만의 2 · 28 사건은 우리나라의 5 · 18 민주화 운동(1980) 혹은 제주도 4 · 3 사건(1948)과 비교되기도 한다. 베니스 국제 영화제에서 그랑프리를 수상하였던 이 영화가 사건 발생 40년 후에야 제작될 수 있었던 것은 2 · 28 사건 자체가 대만 내에서 금기시된 단어였기 때문이다.

타이완 인구의 약 87%를 차지하는 본성인과 약 13%를 차지하는 외성인 사이의 극한 차별과 갈등으로 유혈 사태를 불러일으켰던 2 · 28 사건은 1989년의 베니스 국제 영화제를 통해 아로새겨지게 되었다.

타이완의 본성인은 명 · 청 시대에 주로 푸젠 성이나 광둥 성에서 이주해 왔던 중국 본토계 한족과 소수의 말레이 · 폴리네시아 어족 원주민을, 외성인은 1945년 8월 15일 일본 패전 이후 중국 본토에서 이주해 온 한족을 일컫는다.

1895년 시모노세키 조약으로 타이완은 청나라에서 일본으로 할양되어 일본의 식민 지배를 받았다. 그 후 1945년 8월 15일 일본의 무조건 항복으로 50년간 지속되었던 식민 지배가 종결되고 타이완에는 중국 본토의 국민당 군대가 들어오게 되었다.

그러나 국민당 정부가 보낸 군 사령부는 일제의 식민 지배를 답습하였고, 타이완 본성인과 외성인의 격차는 점점 더 벌어지게 되었다. 국민당 정부의 차별과 억압으로 인해 타이완 본성인들 틈에서는 새로운 정복자의 지배를 받는다는 생각이 차츰 커져 갔다.

1947년 2월 27일 밤, 국민당 정부의 독점 판매품이었던 담배를 노점에서 판매하던 여인 린장마이가 경찰에 단속되었다. 린장마이가 무허가 판매를 이유로 단속원들에게 무차별적인 폭행을 당하자 주변 사람들은 경찰에 항의하기 시작했다. 그러나 경찰 측은 이에 대해 발포로 답하였고, 항의하던 군중 가운데 한 명이 경찰이 쏜 총에 맞아 사망하였다.

이튿날인 1947년 2월 28일, 시민 수천 명이 모여 시위를 시작했다. 그동안 참아 왔던 본성인들의 분노가 분출된 것이었다. 그러나 타이완의 경비 총사령관이었던 천이는 타이베이에 임시 계엄령을 선포하였다. 이는 본성인들을 더욱 분노하게 만들어, 결국 타이베이에서 시작한 본성인들의 봉기는 타이완 전역으로 확대되었다.

3월 8일 중국 본토에서 보낸 국민당 추가 병력이 도착해 본격적인 진압을 시작했다. 국민당군과 경찰은 대규모 약탈 · 살인을 자행하였고, 3월 17일 국민당의 국방부장 바이충시가 타이완에 도착한 이후에야 수그러들어 3월 21일 사건이 종결되었다.

당시 진압 과정에서 사망 및 실종된 사람은 약 3만여 명으로 추정되지만 정확히 확인할 수는 없다. 이후 1949년 타이완 전역에 계엄령이 선포되어 약 40년간 2 · 28 사건은 입에 올릴 수도 없게 되었다.

1987년 장징궈 타이완 총통—2 · 28 사건 당시 국민당 총사령관이자 중화민국 총통이었던 장제스의 아들—이 계엄령을 해제하며 2 · 28 사건은 금기에서 벗어나게 되었다. 다음 해인 1988년 본성인 출신의 리덩후이가 타이완 총통에 취임하며 2 · 28 사건은 재조명받기 시작하였다.

1995년 2월 28일

페르미 연구소,
마지막 6번째 쿼크인 톱 쿼크 발견

분자는 원자로 구성되어 있고, 원자는 핵과 전자로 구성되어 있다. 핵은 양성자와 중성자로 나뉜다. 양성자나 중성자를 하드론, 즉 강입자라고 하는데, 이들은 다시 쿼크로 나뉜다. 현재 쿼크에는 3세대가 있는데 제1세대의 업-다운 쿼크, 제2세대의 참-스트레인지 쿼크, 제3세대의 톱-보텀 쿼크로 총 6종이며, 이 중 톱 쿼크가 가장 늦게 발견되었다.

20세기가 시작되면서 과학자들은 물질을 이루고 있는 기본 입자가 원자보다 더 작은 것임을 인식하게 되었다. 19세기의 멘델레예프가 완성한 주기율표에 있는 원자들의 조합으로 모든 물질을 만들어낼 수 있게 되면서 원자는 모든 물질의 기본 입자인 것처럼 보였다.

그러나 사실 원자는 핵과 전자로 구성되어 있다. 그리고 핵은 다시 양성자와 중성자 들이 모여 구성된 것임이 확인됐다. 이들 양성자와 중성자들의 조합에 전자를 곁들이면 주기율표에 있는 모든 원자들을 구성할 수 있어 이들이야말로 물질의 기본 입자인 것처럼 보였다.

그러나 입자 가속기의 눈부신 발전으로 양성자와 중성자들도 쿼크라는 더 작은 입자들로 구성되어 있음을 확인하게 되었다. 1964년 겔만과 츠바이크는 쿼크의 출현을 예상하였다. 쿼크의 존재는 1967년 미국 스탠포드 선형 가속기 센터가 200억 eV(전자 볼트)의 전자를 양성자에 충돌시키는 실험에서 처음 확인했다. 1977년까지 5종류의 쿼크를 발견하였으며, 1995년 2월 28일 페르미 연구소에서 톱 쿼크를 발견하여 3세대를 이루는 기본 입자들의 모형이 완성됐다. 멘델레예프가 원자의 주기율표를 만든 지 126년 만에 두 단계나 작은 기본 입자들의 주기율표가 완성된 것이다.

현재 물리학자들은 자연계에는 두 종류의 소립자가 존재한다고 이해하고 있다. 하나는 양성자와 중성자 등을 이루는 쿼크로, 우주를 구성하는 양성자와 중성자 들은 업 쿼크와 다운 쿼크로 이루어져 있다. 다른 하나는 전자와 같은 경입자이다.

물리학자들이 쿼크와 같은 소립자들을 발견하려는 이유는 우주가 만들어진 원인과 과정을 알기 위해서이다. 물리학자들은 우주가 생성된 직후 아직 식기 전 아주 짧은 시간 동안 이 입자들이 존재했을 것이라고 믿고 있다. 그래서 물리학자들은 입자 가속기를 이용해 매우 짧은 시간 동안 아주 국소적인 장소에서 태초의 우주를 재현하려는 연구를 계속하고 있다.

1533년 2월 28일

프랑스 사상가 몽테뉴 출생

나는 맨 처음 만난 사람에 대하여 이야기하듯이 종이에 대하여 이야기한다.

-몽테뉴

1571년 몽테뉴(Montaigne, M. E. de; 1533~1592)는 소란스럽고 어지러

운 세계에서 벗어나 자기 자신에 관하여 이야기하기 시작했다. 여기에
서 '에세'라는 형식이 등장하였다. 이른바 '수필'은 몽테뉴의『에세』제
1판이 간행되었을 때 탄생한 것이었다.

몽테뉴는 프랑스의 르네상스를 대표하는 철학자이자 문학가이다. 그
는 1533년 2월 28일 프랑스 남부 페리고르 지방의 몽테뉴 성에서 태
어났는데, 몽테뉴 성은 그의 할아버지가 영지와 함께 사들인 것이었다.
몽테뉴는 1557년 보르도의 고등 법원 참사관이 되었고, 프랑스 왕의
신임을 받았다. 그리고 1568년에 몽테뉴는 아버지의 뒤를 이어 새 영
주가 되었다.

『수상록』은 틈틈이 써놓은 수필을 모아서 1580년에 발표한 것이다.
그 후 이탈리아 여행길에 올라 일 년 반을 외국에서 보냈으나, 여행 중
에 보르도 시장으로 선출된 것을 알게 되어 1581년 말 귀국하였다.
1588년에 파리에서『수상록』을 다시 출판하였다.

'에세'라고도 불리는 몽테뉴의『수상록』에는 그의 정신세계의 흐름
이 잘 나타나 있다. 처음에 그는 극기를 위해 모든 육체적 고통을 무시
하는 스토아 사상을 숭배했다. 동시에 문예 부흥기의 고전 작가들에 상
반되는 사상들을 섭렵해 가던 중, 어디에서도 진리를 발견하지 못하고
지독한 회의주의에 빠져 버리기도 했다. 이때 몽테뉴는 '나는 무엇을
아는가?'를 좌우명으로 삼았던 것으로 알려졌다.

그러나 후에 수록된『레몽 스봉의 변명』에서는 회의주의에서 쾌락주
의로 넘어가는 자세가 엿보인다. 정신적으로 편안한 삶의 길을 찾는 것
은 그가 마지막에 이른 철학이었다.

『수상록』은 근현대 사상에 큰 영향을 미쳐 셰익스피어에게서도 몽테
뉴 사상의 영향이 엿보이며, 데카르트의 합리주의에는 몽테뉴가 회의

주의에서 낙관론으로 넘어간 모습이 그대로 담겨 있다.

—

1901년 2월 28일

미국 물리 화학자 폴링 출생

—

> 미국의 물리 화학자 폴링은 1954년에 노벨 화학상을 받았고, 1962년에
> 다시 핵무기의 국제적 통제를 위한 노력과 반핵 운동에 앞장선 공로로
> 노벨 평화상을 수상하였다. 그가 남긴 『화학 결합의 본질』과 『전쟁은
> 이제 그만!』이라는 두 권의 저서는 그의 한평생을 분명하게 보여 준다.

폴링(Pauling, L; 1901~1994)은 1901년 2월 28일 미국 오리건 주의 포
틀랜드에서 태어났다. 넉넉하지 못한 환경 속에서 자라나 우유 배달과
영화관의 영사기 보조 기사, 심지어 조선소에서 잡역부로 일하면서 학
업을 계속하여 오리건 주립 농과 대학교에 입학하였다. 1922년 캘리포
니아 공과 대학원에 진학했고 1925년에는 화학 분야의 박사 학위를 취
득하였다.

화학 분야에서 폴링의 업적은 대단한 것이었다. 당시 물리학 분야에
서만 한정되어 있던 양자 역학적 개념을 이용해 분자의 화학 결합의 본
질을 규명함으로써, 분자의 구조와 물질의 화학적 · 물리적 · 생리적 특
성의 관계를 명백하게 밝혀냈다. 그의 '혼성 오비탈'과 '공명'은 탄소 화
합물을 포함한 다양한 분자의 구조와 성질을 양자 역학적으로 설명하
는 바탕이 되었다.

제2차 세계 대전 중 다양한 전쟁 개발 계획에 참여했던 폴링은 그

과정에서 핵무기 개발로 인한 방사능의 유출에 대하여 깊은 우려를
표하였으며, 1958년에는 핵무기 실험 중단을 촉구하는 전 세계 과학
자들의 청원서를 유엔에 제출하였다. 그러나 결국 이것이 문제가 되어
폴링은 칼텍을 떠나야만 했고, 그럼에도 불구하고 그의 반핵 평화 운
동은 여전히 계속되었다.

　폴링은 93세가 되던 1994년에 전립선암으로 사망하였다.

2월의
모든 역사

2월 29일

■
■
■

1840년 2월 29일

미국 잠수함 발명가 존 홀랜드 출생

존 홀랜드(Holland, J. P.; 1840~1914)는 1840년 2월 29일 아일랜드에서 태어나 미국으로 건너갔다. 그는 1895년 잠수함 회사를 설립하였으며 그의 홀랜드호는 1900년 미국 해군에 정식으로 채용되었다. 이것은 해상에서는 내연 기관으로 운항하고 잠수 중에는 전동기로 조종하는 것으로 현대 잠수함의 원형이라고 할 수 있다.

최초의 잠수함은 1624년에 네덜란드의 물리학자 판 드라벨이 만든 것으로, 수심 5m까지 잠수할 수 있었다고 한다. 자유롭게 잠항 및 부상한 최초의 잠수함은 미국이 독립 전쟁 중이었던 1775년에 부시넬이 만든 터틀이었다. 그리고 전쟁에서 처음으로 적함을 격침시킨 것은 미국의 남북 전쟁(1860~1865) 당시 남부군의 잠수함인 헌리였다.

초기의 잠수함은 돌덩어리를 잠수함 바닥에 매달아 잠항 및 부상을 하였다. 잠항 시에는 수면을 보기 위해 선체의 돌기 부분에 유리창을 설치했는데, 이것이 바로 잠망경의 기원이었다.

잠수함의 대략적인 실험 단계가 끝난 시점에서 1차 세계 대전이 발발하였다. 그리고 제1차·제2차 세계 대전을 거치는 동안 잠수함은 많은 발달을 하였다. 1차 세계 대전에서는 주로 독일이 유보트를 사용하여 큰 효과를 보았다. 그러나 2차 세계 대전 후에는 잠수함 탐지 장비가 발달하여 잠수함의 전술적 효과가 많이 줄어들었다. 잠수함의 수중 성능 향상이 절실한 문제로 대두된 시점이었다.

이윽고 1953년에 미국에서 수중 고속 항해에 적합한 눈물방울형 잠수함 알바코어가 탄생하였으며, 1954년 미국에서 세계 최초의 원자력 잠수함 노틸러스호가 완성되었다.

___

1792년 2월 29일

이탈리아 작곡가 로시니 출생

___

음악 평론가 한슬리크가 72세의 나이에도 여전히 왕성하게 일하고 있는 로시니를 찾아와 말했다.

"마에스트로, 아직도 정력이 대단하시군요."

로시니는 껄껄 웃으며 대답했다.

"놀랄 일도 아니지 않소. 난 며칠 전에 열여덟 번째 생일을 맞이했다오."

"아니, 그게 무슨 말씀이십니까?"

로시니가 웃으며 대답했다.

"내 생일이 4년에 한 번 돌아오는 2월 29일이라는 걸 몰랐소?"

1792년 2월 29일 이탈리아의 페사로에서 태어난 로시니(Rossini, G. A.; 1792~1868)는 베르디, 푸치니와 함께 3대 오페라 작곡가로 사랑받는다.

그는 음악가였던 부모님으로부터 어릴 때부터 기악을 배우고 교회 성가대에서 활동하였다. 1804년 전 가족이 볼로냐로 이사하자, 그곳에서 종교 음악 작곡에 뛰어난 안토니오 테제이 밑에서 정식으로 작곡을 공부하고 1806년 볼로냐 음악 학교에 입학하여 다시 첼로, 피아노, 작곡 등을 배웠다.

1810년 베네치아에서 공연한 『결혼 어음』으로 그 재능을 인정받았고, 1816년 로마에서『세비야의 이발사』를 공연하여 일류 작곡가로 인정받게 되었다. 그는『오셀로』『이집트의 모세』『빌헬름 텔』등의 많은 작품을 남겼다.

로시니는 작곡 속도가 모차르트보다도 빨라, 그의 대표작『세비야의 이발사』는 불과 14일 만에 완성되었다고 한다.

1908년 2월 29일

프랑스 화가 발튀스 출생

프랑스의 사실주의 화가 발튀스(Balthus; 1908~2001)는 1908년 2월 29일 파리에서 폴란드계 예술가 부부의 아이로 태어났다. 그는 어려서부터 그림을 시작해 1934년에 첫 개인전을 가졌다.

그는 시적이며 고요한 느낌을 주는 그림을 그렸으며, 개성 있는 초상화를 그리기도 하였다. 또한 무대 디자이너로도 활약했다. 「녹색과 빨간색의 작은 소녀」「생앙드레 상가」등이 유명하다.

2월의 모든 역사 _세계사

초판 1쇄 인쇄 2012년 2월 1일
초판 1쇄 발행 2012년 2월 5일

지은이 이종하

펴낸이 김연홍
펴낸곳 디오네

출판등록 2004년 3월 18일 제313-2004-00071호
주소 121-865 서울시 마포구 연남동 224-57
전화 02-334-7147 **팩스** 02-334-2068
주문처 아라크네 02-334-3887

ISBN 978-89-92449-83-0 03900
        978-89-92449-79-3(세트)

※ 잘못된 책은 바꾸어 드립니다.
※ 값은 뒤표지에 있습니다.